石塚健司

四〇〇万企業が哭《な》いている

検察《ドキュメント》が会社を踏み潰した日

講談社

四〇〇万企業が哭いている

ドキュメント検察が会社を踏み潰した日

目次

序章 夏

第一章 軌跡

第二章　強制捜査

第三章　逮捕

終章
冬

装幀＊石間　淳

序章

夏

笑う検事

列島の北や西の方に雨を降らせた前線も、なぜかここだけは避けていったらしい。東京はこの十日以上、降水量ゼロの厳しい残暑日照りが続いていた。

平成二十三年九月十五日、朝倉亭《とおる》は朝八時前に出社して急ぎの用を片付けてから、速歩きで最寄りの渋谷駅に引き返した。通勤ラッシュの地下鉄銀座線に乗り込んだときは、もう汗だくだった。吊革につかまってから携帯電話を取り出し、午後から出社してくる妻にメールで「代えのハンカチを会社に持ってきて」と頼んだ。携帯をしまうと、彼の頭の中はもう会社のことに占領されていた。午後に予定している二件のミーティングのこと、資金繰りのこと……。

暑さが終わる九月はいつも、彼にとってマイナスがプラスに転じる季節だ。十三年前に妻とアルバイトの三人で始めた小さな会社が今では、メンズカジュアル衣料品の製造卸売りを柱に実質年商七億円ほどにまで成長している。利ざやの大きい秋冬物で稼ぎの大半をあげるのはアパレル業界全体の宿命で、朝倉の会社も夏場は経費がかさんで利益は細り、秋になると卸先からの入金が一斉に始まるのだ。

今年の夏も資金繰りは綱渡りだった。ここ数年の消費不況の影響で朝倉の擁する三つのオリジナルブランドも売上不振が続いており、仕入れ先に頭を下げて支払いを待ってもらう状態が続いた。その一社からついに泣かれてしまい、親類から一週間で返す約束で五百五十万円を借りたのが昨日のことだ。今朝一番にそれをネットバンキングで仕入れ先の口座に振り込んできた。

——でも、あと一息、あと五日で入金が始まる。

卸売業は小売業と違い、先に受注ありきなので入金額を先読みできるのがいいところだ。先月開いた秋冬物の新作展示会は三年ぶりの活況で、昨年は顔を見せてくれなかったバイヤーも戻ってきてくれた。おかげで受注額は前年の約二割増まで伸びた。業界の入金日は毎月二十日と月末の二回と決まっており、五日後の二十日に卸先のうち十社ほどから三千万円近い入金がある。月末にはもっと大きな金額が入る予定だ。

向こう三ヵ月の出入金予定表は、もう書類を見なくてもおさらいできるほど彼の頭に刻まれている。これで銀行や親類への返済、仕入れ先への支払い、二十五日の従業員への給与支払いもまかなえる。どうやら今年も夏を乗り切れた。

「今年はスタート台に立つ年ですよ」——年頭に佐藤真言《まこと》と交わした言葉が頭に蘇った。二年前から財務をみてもらっているコンサルタントの佐藤の苦言を受け入れて、背水の陣のリストラを断腸の思いでやりとげた。悪材料は昨年十月期の前期決算で出し尽くしており、おかげで今年の決算は五年ぶりの単年度実質黒字でフィニッシュできそうだ。

——あとはこの問題さえうまく片付いてくれれば……。

この時点で彼はまだ、どこにでもいる中小企業経営者の一人だった。

日比谷公園の西側に面する霞が関の中央合同庁舎六号館A棟は、向かって左側に最高検、東京高検、東京地検の三庁、右側に法務省などが入っている。朝倉は午前十時前、左側の玄関に着いた。

任意出頭の呼び出しでここに来るのはもう三十回目ほどなので、ものものしいセキュリティーチェックにもすっかり慣れている。金属探知機のゲートを抜けて荷物検査を受け、窓口の守衛に訪問先を告げる。やがて東京地検特捜部の事務官が迎えに降りてきて、一緒にエレベーターに乗る。九階の人気のない廊下を通って九〇四号室へ。ここまではいつもとまったく同じだった。いつもと違うと感じたのは、検事の目を見たときだった。

差し向かいの席を示されて、着座するなり質問が始まる。いつもは急に激高したり静かになったりと感情の起伏が露わな検事だが、今日はやけに感情を押し殺しているなと感じた。三十回目ほどにもなると質問は微に入り細をうがつ内容が多くなり、朝倉は「すみません。そこまでは覚えていません」と答える場面が続いた。それなのに検事は、いつものように声を荒らげたり机を叩いたりもせず、淡々と質問を続けるだけなのだ。

二十分ほどした頃、検事はふっと息をついて独り言のように言った。

「もう少し思い出してもらうために、集中して考える環境が必要みたいだねぇ」

「……それは、どういう意味ですか」

検事は「いやいや……」とはぐらかす。

そのとき机の電話が鳴り、検事が受話器を取って「はい」と答えるなり部屋を出ていった。十五分ほどして戻ってきたが、今度は無言のままだ。廊下の方で勢いよくドアを閉める音、数人が駆けていく靴音が響き、朝倉は何かが起きつつあると肌で感じた。やがて、若い男性事務官が茶封筒を手に入室してきた。検事は封筒を受け取るなり、中を覗き込んでにやりと笑った。そして書類を取り出すと朝倉の顔に突きつけた。

芝居がかった、満足そうな笑み。ああ、この人はこの瞬間を楽しんでいるんだな——朝倉はそう感じた。その顔がずっと、彼の頭を離れなくなる。

「朝倉亨さん。裁判所より逮捕状が出ました。九月十五日午前十一時三十分、あなたを詐欺の容疑で逮捕します」

それからしばらくの間に起きたことを、朝倉は時系列で思いだすことができない。覚えているのは、数分間か、それとも数十分間だったのかわからないが、自分が机に突っ伏したまま、じっと動かずにいたこと。机の向こうで検事が黙々とカップラーメンをすすっていたこと。咀嚼《そしゃく》する音がやけに耳障りだったこと。朝倉の前にも事務官が買ってきてくれたらしいコンビニのおにぎりとお茶が置かれていた。「今日はこれから長くなるので、なにかお腹に入れておいた方がいいですよ」と事務官に言われたが、口をつける気にはなれなかった。

自分が逮捕されたことや、これからどこかへ連れて行かれるであろうことについては、不思議とまったく考えなかった。頭の中を駆けめぐっていたのは、自分の逮捕によって会社はどうなるのか、社員たちはどうしているか、取引先は、銀行は……。

季節的な資金需要の変動が大きい朝倉の会社にとって、銀行との円滑な関係は生命線といっていい。社長の自分が逮捕されたということは、おそらくその関係に唐突な終止符が打たれることを意味するのだろう。この時期に事業資金という血液を止められたら、会社はどうあがいても死に向かうしかない。あがくもなにも、自分はそこにいて対処することができないのだ。仕入れ先が取り立てに群がる光景……倒産。――まさか、こんな形で。

この後朝倉がやっと食事を口にする気になれたのは、逮捕二日目の夜、東京拘置所でのことだった。

＊

この日午後四時、同じ検察庁舎の十一階にある東京地検次席検事の応接室では、地検のスポークスマンにあたる次席検事の記者会見が始められた。

検察の組織は、地・家裁、高裁、最高裁の裁判所組織に対応し全国五十の地方検察庁（地検）、八つの高等検察庁（高検）、最高検察庁（最高検）などで構成されている。検察の役割は警察から送致を受けた被疑者の起訴・不起訴を決め、起訴した場合は裁判で罪を立証するという二次捜査機関が本分だが、東京、大阪、名古屋の三つの地検に置かれている特捜部（特別捜査部）だけは、自ら被疑者を逮捕して起訴する一次捜査の役割を割り振られている。東京地検特捜部が逮捕した事件についてマスコミに発表するのは東京地検次席検事の役目だ。

次席検事を囲んで応接セットに顔を並べたのは、東京の司法記者クラブに加盟する新聞社や通信社、テレビ局の記者たち約二十人――「P担」（検察担当）と呼ばれる男女の面々だ。用紙二枚の発表文の束がテーブルに置かれ、それぞれが一組ずつ手にして文面に目を走らす。二、三人で来た社の記者たちは、紙を掴むなり一人を残して退室していく。十階にある特捜部の幹部たちの部屋で行われるブリーフィングを並行して取材するためだ。

発表文の表題は「Z社（仮名）取締役らによる保証協会保証付き融資等名下の詐欺事件の着手につ

いて」となっており、特捜部がこの日逮捕した容疑者たちの氏名や容疑事実の要旨が記されていた。逮捕されたのは三人だ。

中小企業向けコンサルティング会社〈Z社〉取締役、佐藤真言《まこと》（三八）
靴・バッグ輸入販売会社〈イハラ〉（仮名）社長、井原左千夫（仮名）（六三）
衣料品製造卸売り会社〈エス・オーインク〉社長、朝倉亨（四七）

容疑事実は三つに分けて記されていた。要約するとこんな内容だ。

一、佐藤と井原は、〈イハラ〉の決算が実際は経常損失約五千万円の赤字なのに、経常利益約千三百万円の黒字と偽った決算書を作り、三菱東京ＵＦＪ銀行に提出した。そして、同銀行から保証協会に「景気対応緊急保証制度」を利用した保証契約を申し込ませた上で、三千万円の保証付き融資を同銀行から受け、これを騙《だま》し取った。

二、佐藤と朝倉は、〈エス・オーインク〉の決算が実際は経常損失約一億二千万円なのに、経常利益約二千三百万円と偽った決算書を作り、三井住友銀行と東日本銀行に提出。両銀行から保証協会に「東日本大震災復興緊急保証制度」の保証契約を申し込ませた上で、三井住友から千五百万円、東日本から八千八百万円の保証付き融資を受け、これを騙し取った。

三、佐藤と朝倉は同じように〈エス・オーインク〉の経営状態を偽った上で、東日本銀行から別途、一千万円の融資を受け、これを騙し取った。

保証協会とは、中小企業の資金調達を円滑化するために全都道府県に置かれている公的機関のことだ。中小企業は景気後退などの影響を受けやすいため、国は随時、さまざまな保証制度を設けている。それらの制度で中小企業の保証人の役割をするのが保証協会で、その財源は税金で賄われている。中小企業が保証制度を利用して銀行からお金を借りると、保証協会が一定金額まで債務保証を与える。もし返済不能になった場合は保証協会が代わって弁済するので、銀行はリスクを負う必要がないからお金を貸しやすくなるわけだ。

こうした保証制度を利用した融資を「保証付き融資」とか「制度融資」と呼び、それ以外の銀行が自らリスクを負う融資のことを「プロパー融資」と呼んで区別している。

つまりこの事件は、赤字に陥った二つの中小企業が粉飾決算をして銀行や保証協会を騙し、保証付きやプロパーの融資を引き出した、というものだ。

そして、発表文の表題になっているコンサルティング会社〈Z社〉の佐藤真言がその両方に関わっているので、この佐藤という男が二人の社長に詐欺を指南した首謀者だと位置づけられていることが読み取れる。

記者たちが発表文にざっと目を通した後は質疑応答に移るのが通例だが、この日はあまり活発な質問は飛ばなかった。政治家や大企業のトップが逮捕されたといったニュースバリューのある話ではないし、この二社が水増しした売上額はそれぞれ五億円と三億円で、過去に摘発された百億円単位の大がかりな水増しによる粉飾詐欺事件と比べると、かなり見劣りがした。被害額は億を超えているとはいえ、これは融資金として銀行から引き出された金額なので、ニュース価値の判断要素としてはカウントしにくいところだ。

ホシ（犯人）の知名度からみても、犯行の規模からみても、これはあまりぱっとしない事件――記者たちの受け止め方はそんなところだった。

ただし、一箇所だけ目を引くところがあった。東日本大震災関連の保証制度が悪用されたという部分だ。日本人の意識すら変えた東日本大震災の記憶は、半年経ったこの時期もまったく色褪せていなかった。震災のせいで苦境に陥っている人たちを救うためのお金が横取りされたとなれば日本中が眉をひそめるだろう。

そこで記者たちの質問はこの制度の仕組みに集まった。

この保証制度は震災直後の国会で一次補正予算に盛り込まれ、この年五月に受け付けが始まった。三・一一の地震や津波、原発事故の影響で売上が一定割合以上減るなどした全国の中小企業が対象で、適用要件を満たすと認定されれば無担保で最大八千万円までの保証付き融資を受けられる。その要件は細かく規定されているが、朝倉亭の〈エス・オーインク〉の場合、要件を満たすかどうか以前の問題として、実際は赤字なのだから融資も保証も受けられない立場なのに偽りの決算書を銀行や保証協会に提出して騙したから詐欺なのだ、というのが地検の説明だった。

「保証協会は国民の税金が入る先であり、国民の損害になるのだから許してはならない。特に震災対応の制度の悪用は看過できない」ブリーフィングで特捜部幹部はこのように捜査の意義を述べている。プロパー融資だけなら被害者は民間金融機関だけだが、保証付き融資の被害者は国であり納税者なのだから悪質だという解説だ。

首謀者と目される佐藤のコンサルティング会社〈Z社〉については別の検察幹部がマスコミに対し

て次のように論評している。「これはとんでもない会社だ。銀行員崩れが集まって、潰れそうな中小企業に粉飾決算をやらせて融資金を引き出してやり、金を吸い上げていた。業として詐欺をやる詐欺株式会社のようなものだ」

東京地検はこの逮捕発表に先立ち、捜査内容を一部のマスコミには事前にリークしていたらしく、この逮捕劇はこの日朝のNHKニュースで予告されていたほか、一部の新聞は夕刊で派手に報じていた。地検が「震災詐欺」の摘発を世間に最大限アピールしようとしていた意図がうかがえる。

夜の民放ニュースでは、コメンテーターがこう述べた。「もともと返済能力のない会社でも、粉飾決算をすれば有望な融資先に見えるわけです。返済能力がないので貸し倒れになるのは確実ですが、そうやってお金を引き出してしまえばこっちのもので、コンサルタントは分け前をもらって大もうけできるわけです。許せないことですね」

大半の新聞は夕刊に間に合わず、翌日の朝刊で事件のことを報じたが、いずれも検察幹部のコメントを受け売りして悪質な「震災詐欺」の構図を世間に伝えた。

「悪徳コンサルタントが実質破綻の中小企業を利用して震災復興などの保証制度を食い物にした」

――一連の報道によってこの事件は世間にこんなイメージで受け止められただろう。

東京地検特捜部の捜査はこの三人の逮捕だけで終わりではなく、これは事件の第一幕に過ぎなかった。特捜部はこの日の朝、佐藤ら三人を逮捕するとともに、ひそかに別の中小企業を詐欺の容疑で家宅捜索していた。さらに翌日にも別の中小企業を捜索し、経理資料などを押収する。いずれも〈Z社〉の顧客で粉飾決算をしており、震災関連の保証制度を利用して融資を受けていた会社だった。特捜部は佐藤ら三人の逮捕を皮切りに、〈Z社〉の顧客の粉飾企業を芋づる式で次々と摘発していくシナリオだった。

このうち十五日に家宅捜索を受けたのは、東京都内のビルメンテナンス会社だ。その社長は強制捜査の二日前の夜、見知らぬ新聞記者の訪問を受けている。帰宅すると、家の前に黒塗りの車が止まっており、降りてきた記者に玄関先で質問攻めにされた。

お宅の会社が契約しているコンサルティング会社は顧客に粉飾決算を指南しているのではないか？

お宅の会社も粉飾決算をしているのではないか？

記者は「あなたは東京地検特捜部に狙われていますよ」と教えて社長を仰天させていた。記者は特捜部の次の捜査対象を事前に知らされていたわけだ。検察のリークによって取材攻勢に火がついていたようだ。

特捜部からはこんな言葉も漏れた。「この捜査によって粉飾決算をしている中小企業が何社潰れることになろうと、それは仕方のないことだ」粉飾決算の会社は実質的に経営破綻しているのだから、捜査対象にすることによって会社が潰れる結果になっても構う必要はないという考えだった。

こうして検察の粉飾企業叩きが始まった。

タッチの差

この日の午後、私も同じ検察庁舎の中にいた。

「これじゃ弱い者いじめではないですか。こんな特捜に誰がしたんですか」

目の前で途方に暮れた顔をしている検察首脳に向かって私は、あろうことかこんな暴言を吐いてしまっていた。検察に対する憤りが抑えられなかった。相手はただ目を丸くしているだけだった。

私にとっての発端は、ちょうどその一ヵ月前に届いた手紙だった。二年前に書いた本がその夏に文庫化されて、読者からの便りが時折届くようになり、私はそれを読むのを楽しみにしていた。その手紙もそんな一つだった。

「突然のお手紙、失礼いたします。（中略）検察庁なんて私には無縁の世界と思っておりましたら、実は先月、突然朝八時に玄関のベルがなり、特捜部の方々がガサ入れに来られ、なんと私が被疑者であるとのこと。その後三日間の取り調べがあり、この一ヵ月は何の音沙汰もないという状況です。どうも特捜は、メガバンクを舞台とした大きな詐欺事件の絵を描き、私が裏ですべてを操る首謀者であると考えたようなのです。弁護士さんに言わせると、ありのままを話せば特捜が追うような事件ではないとわかってくれるというのですが、私としては今後いったいどうなるのか、今、特捜内でどのようなシナリオが描かれているのか等々、推測でもよろしいのでご意見をうかがいたく……」

便箋の末尾に「佐藤」と書いてあるだけで、私は自己紹介を一切省いている点にやや胡散臭《うさんくさ》さを感じたのだが、やはり好奇心には勝てなかった。便箋にあったアドレスにメールして、翌週末、待ち合わせの喫茶店に足を運んだ。その喫茶店に現れたのが佐藤真言だった。

佐藤の話を聞いていくうち、内心やや拍子抜けしていたのを覚えている。現れるのはきっと海千山千、口八丁手八丁の詐欺師タイプの人物に違いないと勝手に予想していた。なのに、目の前にいるのはどうやら、わらにもすがる思いで私のような部外者にまで事情を打ち明け、懸命に何かを訴えようとする男だった。

　彼は事の起こりから詳しく語ってくれた。手紙に書いていた「メガバンクを舞台にした大きな詐欺事件」の疑いはすぐに晴れたとのことなので、これはさておくとして、私にとって驚きだったのは、彼がいともあっさりと自分の犯した罪を告白してしまったことだ。

「私がこれまで、コンサルタントとして担当してきたいくつかの中小企業の粉飾決算に関与して、その決算書を使って銀行から融資を引き出すお手伝いをしてきたのは確かに事実なんです。でも、私はその見返りにお金を受け取ったことは一円だってありません――」佐藤はまっすぐ私の目を見て話し続けた。

「実は私は元銀行員なんですが、今の金融システムでは残念ながら、赤字や債務超過に陥った会社は自動的に新規融資の対象外にされます。なぜかというと、銀行は金融庁が定めた格付け判定にのっとって審査しなければならないため、財務内容の悪い会社にお金を貸せば、その分だけ貸倒引当金を計上しなければならないから、貸しても儲《もう》からない仕組みになっているわけで……」

　赤字の会社に銀行が滅多にお金を貸さないことぐらいは私も知っている。そこで赤字を隠すために決算書を粉飾して融資を受けたとすれば、これは銀行を騙してお金を引き出したわけだから詐欺罪に問われる可能性がある。それをこの男は仕事としてやってきたというのか？　それで何でそんなに堂々としていられる？

「――ちょっと待ってくださいよ。あなたはお客さんの会社の粉飾決算を容認してきたことを、特捜部の検事に対しても認めたわけですね」

「そうです。最初にお話を聞かせてくださいと言われたときに、すべて正直にお話ししました。話せばわかってくれると思いましたので」

佐藤によると、彼は七月六日に自宅と勤務先の家宅捜索を受けた際、検事から東京地検に同行を求められ、最初の任意取り調べを受けたという。その中で検事から、以前のコンサル先の会社〈イハラ〉の粉飾決算について質問されて、「はい、していました」と即座に認めたという。

検事は少なくとも「知らなかった」とか「後で知った」とでもシラを切るだろうと予想していたらしく、「もう認めるんですか」と驚きを隠さなかったそうだ。そして検事はすぐ供述調書の作成に取りかかり、調書が出来上がると上司に報告するため急いで席を立ったという。

「いいですか、検事さんにも申し上げたんですが、債務超過の会社でも、銀行から融資を受けながら徹底したリストラをやって体質を改善し、収益増加のチャンスをつかんで立ち直っていく会社はたくさんあるんです。検事さんは債務超過だから破綻《はたん》寸前なので、返すあてもなく融資を受けたことになるんだから犯罪だと言います。でも、その考えはあまりにも短絡的というか……」

「――すみません、もう一つ。あなたは融資を引き出してあげても謝礼は一円だって受け取っていないと言いましたけど、コンサル料は取らないんですか」

「コンサル料はもちろんいただきますが、それは私の勤め先の会社〈Z社〉に入るんです。私の懐に入るのは会社からの給料だけです」

佐藤はちょうど十年前に銀行を辞めて、銀行の先輩だった男と二人で〈Z社〉を立ち上げたという。現在はその先輩が社長で、佐藤を含む取締役が五人、あとは事務の女性が一人だけという小所帯のコンサル会社だ。社長を含む男性六人が九十社ほどの顧客の中小企業を分担して受け持っており、佐藤の担当先は現在十六社。コンサル料は月三十万から五万までサービス内容によって異なり、〈イハラ〉は二十二年夏に契約を打ち切るまで毎月二十万円を支払っていた。だが、それはすべて会社に対して支払われたもので、個人で受け取ったことはないという。

「……でも、給料は出来高制じゃないですか」

「いえ、社長を除く役員五人は全員同額の報酬なんです」

「ええっ……すると、あなたがお客さんの粉飾決算を容認して資金調達に力を尽くしてあげても、手取りの額はまったく変わらないと……」

「ええ……でもまあ、粉飾をやめさせて相手の会社が潰れてしまったら、うちの会社は顧客を一つなくすことになりますけど。ただ、私たちはなにも、すべての会社の粉飾決算を容認してきたわけじゃないんです。実際に粉飾をやめるよう社長を説得して、一緒に努力して会社を再生させ、今でも存続している会社だってたくさんあります。どの社長さんも粉飾決算にやましさを感じていないわけではありません。そうしなければ銀行から融資を受けることができない。従業員を食わせてはいけない。経営者が背負う責任は我々が思う以上に重いんです。経営者にとって会社と自分は表裏一体、不可分なものなんです。そういう社長さんに資金調達を助けてほしいと頼まれれば、私は人間として断ることはとても……」


佐藤とはその店で二時間あまり話しこんだ。私は彼の話に引き込まれはしたが、正直なところ、この事件にはまったく興味が持てなくなっていた。

これは、犯罪を隠そうとする者と暴こうとする検事のバトルというより、どこまでいっても是非論の争いでしかないように思えた。この男にこうして熱弁をふるわせるのは、開き直りとか自己正当化というよりも、金融のプロとしての信念みたいなものが根底にあるのだろうとは感じていた。その信念にはいささか危うい側面がある気がしたが、それでもこいつは本気なんだな――そう感じる何かがあった。

とはいえ、こんな裏表も奥行きもない事件では、取材意欲をなくすのが記者の習性だ。第一、これが本当に事件化する話だとはとても思えなかった。彼が資金調達の成功報酬を一円ももらっていないというのが本当なら、当局が彼を逮捕しなければならないと判断するはずがない。私はそう考えたし、佐藤によると、彼が相談している弁護士たちもまったく同じ意見なのだという。

その喫茶店で佐藤と別れた後、しばらく彼と連絡を取り合うこともしなかった。だが、虫の知らせというべきか、ふと思いついて電話してみたのがちょうど彼の逮捕の三日前、九月十二日月曜日の夕方だった。

「ちょうどよかった。実は今、検察庁で取り調べを受けてきたところなんです」と佐藤は言った。前週末に検事から電話があり、「来週月曜から集中的にお話を聴きたいので時間を空けてほしい」と求められて出頭してきたところだという。意外な展開に私は驚いた。当然流れるだろうと思っていた捜査がどうやらまだ続いていたらしいのだ。だが、彼の話を聞いていくうち、もしや、と思える点に気づいた。

佐藤によると、今日の任意取り調べでは、七月に問題にされた〈イハラ〉の粉飾決算のことではなく、彼がコンサルタントとして担当している別の会社、朝倉亭の〈エス・オーインク〉の話に終始したという。特に、朝倉が六月に「東日本大震災復興緊急保証制度」を利用して資金調達した経緯について詳しく追及されたという。

「佐藤さん、その朝倉さんという方の会社も粉飾決算なんですか」

「そうなんです……」

なるほど、「震災詐欺」か。それなら新聞の見出しが立つ事件になる。ようやく私は特捜部の意図が見えてきたと感じた。特捜部という組織は、実は意外と自分たちが捜査する事件のことをマスコミがどのように取り上げるかということをひどく気にするところなのだ。

しかも、今の特捜部は組織改革のまっただ中にあり、昔のように思う存分、苛烈な捜査をやるわけにはいかない状況になっている。その点、「震災詐欺」ならお手軽に捜査できるし世間受けのする事件になるだろう。もしかすると彼らは最初からこれを狙っていたのかもしれない。

「そうなんです。検事さんは、これは震災関連なので特別なんだと考えているようです。これは素人の推察ですけど、震災関連の不正を暴くことで特捜部の名誉を回復したいという意図が見え見えだと私は思うんです。ビックカメラや日興コーディアルのような大企業の巨額の粉飾決算は課徴金処分だけで終わって刑事事件化しなかったというのに、なにやら釈然としない気持ちです……」

佐藤は電話の向こうでさらに言い募った。

「それはともかく、朝倉さんだけは絶対に巻き込むべきじゃないと私は思うんです。実は、井原さんの会社には使途不明金がありまして、私も手を焼いたお客だったんです。ですから、井原さんが捜査対象にされるのは、まあ仕方ないのかなと。でも、朝倉さんはそんな方ではありません。私はたくさんの経営者を見てきましたが、朝倉さんほど真面目に経営に打ち込む方は見たことがないんです。融資金はすべて事業資金に充てていますし、これまで銀行への返済を滞らせたことは一度もないし、今回の震災復興融資だって十分に返済していけるんです。確かに売上を三億円ほど粉飾していますが、会社を建て直すためにはそれしか道がなくて、懸命に頑張ってきて、ようやくこれから、というところまできているんです。なにしろ朝倉さんの会社の財務のことを一番よく知っているのが私なんですから……」

私は何を信じていいのかわからない心境だった。

「佐藤さん、その話を検事にしてみたんですか」

「もちろんです。検事さんは、うんうんと聞いてはくれますが、ひとしきり話すと上司に報告しにいって、戻ってくるとまた所定の質問に戻るという感じで、暖簾《のれん》に腕押しといいますか……」

これはすでに、まとめの段階に入っているのかもしれない——私はそう感じたが、まだ半信半疑の状態で電話を切った。

翌日夕方、今度は佐藤から電話がきたので、私は思案していたことを提案してみた。

「佐藤さん、あなたのこの捜査に対する考えを上申書にまとめて当局に提出してみたらどうでしょう。担当検事がよく聞いてくれなくても、文書として出せば上に届くかもしれません……なんだったら、私から検察の上層部に届けてあげてもいいですし」

最後に付け足した部分は、言ってしまってから余計なことに首を突っ込んでどうすると思ったのだが、後の祭りだった。佐藤は言った。「ありがとうございます。さっそく書いてみます」

私のパソコンに残っている受信記録によると、佐藤から「上申書（案）」と題する文書がメールで届いたのが、二十三年九月十五日の午前零時四十五分。彼に逮捕状が執行される約十一時間前のことだった。もちろん私も佐藤もそんなことになろうとは知るよしもなかったが。

自分から言い出しておいてみっともない話だが、いざとなると私も容疑者の主張を当局に伝える役をすることの危うさについて考えないではなかった。たとえば佐藤が虚言を弄《ろう》して罪を免れようとしていた場合、嘘八百の上申書を届けた私もその企みの一翼を担ったことになるのではないか……。それで私は、もしも責任の持てない内容だったらメッセンジャー役は降りさせてもらおうか、などと少し臆病になりながら彼の上申書（案）に目を通した。

そして、一読して、そんな臆病風はきれいに吹き飛んだ。

それは、虚言も自己正当化も入り込む余地のない、正々堂々と己の主張を当局にぶつけた論文だった。

前半は〈イハラ〉と〈エス・オーインク〉の概要や経営状態、自分がこの両社と関わった経緯について述べている。どれも端的な事実ばかりで、誰かに責任転嫁するでもなく、自分が二つの会社の粉飾決算と資金調達に協力してきたことを率直に認めている。そして後半は、今の中小企業が共通して直面している現実について述べている。一度赤字を計上してしまったら、自動的に銀行から資金調達の道が閉ざされてしまうという、現行の格付け制度の問題点。一方で、従業員の生活を守るためにも事業継続を望み、懸命にコストカットや営業努力に取り組んで、銀行との取引をつなごうと頑張っている中小企業経営者たちがいること。

「私はけっして粉飾決算はいいことだと申し上げているわけではありません」佐藤はそう断ったうえで、「やむにやまれず粉飾決算に手を染めてしまっている中小企業が多いことは厳然たる事実なのです」と説く。

「一度粉飾に手を染めてしまったら、短期間で決算書を正常な状態に戻すことは困難です」と認め、「それでも真面目に経営に向き合っている経営者であれば、血のにじむような努力を重ねて財務体質を改善し、複数年かかって正常な状態に戻していきます」と説く。

もし「粉飾をする会社は悪だ。倒産していい会社だ」と切り捨ててしまったら、連鎖倒産に発展し、銀行は巨額の不良債権を抱えることになり、日本経済は大打撃を受けることになりはしないか——佐藤はそう真剣に憂えている。金融の専門家らしい、冷静で論理的な文章だった。佐藤は井原のことは一言も擁護せず、最後に朝倉の会社の現況について詳しく語り、こう結んでいた。

「〈エス・オーインク〉は現実に事業を営んでいる会社です。社長である朝倉氏は経営に対して私が驚くほど真面目です。これが私利私欲に走る社長で、融資金を自分の懐に入れ、遊興費に使ったり、不動産を購入したりといった不真面目な社長であれば、当然罰せられるべきであると思います。ですが〈エス・オーインク〉が世の中から抹殺すべき会社とはとても思えないのです」


翌朝、佐藤と電話で打ち合わせし、彼がこの日の取り調べの際に上申書を担当検事に提出して、私もこの日の午後に同じものを検察組織の上層部に届けるという手はずになった。この電話のとき、佐藤はすでに地検に出頭する途中だったが、私も午後から向かうことにした。

その午後、霞が関に着いてすぐに携帯が鳴った。佐藤の自宅の電話番号で、女性の声だった。「お世話になっております佐藤の家内です。さきほど主人が逮捕されたという知らせが参りました。もしも自分が逮捕された場合、お知らせするようにと主人から言われておりました」

悲嘆も動揺も表に出さない、気丈な声だった。私はどう返していいのかわからず言葉に詰まるだけだった。

こんな経緯でその日の午後、私は検察庁舎にいた。夫人から電話をもらうまでは、ただ上層部に上申書を手渡すだけのつもりでいたのだが、とても平静な気持ちでいられなくなっていた。

面会したのは、かつて私が特捜部の担当記者だった頃に現場にいた人で、今では上級庁の要職にまで階段を昇り、特捜部の捜査を逐一監督する立場ではないものの、報告を受けて決裁する立場にはある人だ。昔から律儀な人で、私の前で上申書に終わりまで目を通し、私の話をじっくりと聞いてから、やっと口を開いた。「……これは、あんまり悪性（悪質さ）が感じられない事件だね」

それからこう言った。「コンサルの佐藤という人に利得はないし、融資金は全額事業資金になっているってことなんだね。担当の奴にそこら辺がどうなのか、きちんと目配りして処理するように言っときますよ。でも、もうすでに逮捕しちゃったからなあ……もう少し早くきてくれていたら、何かできたかもしれないけど……」

まったく悪気のない、それどころか私の意図を真摯《しんし》に受け止めてくれた上での言葉だったのに、最後に付け足された一言で、私の導火線に火が付いてしまった。

「こちらだって、まさか特捜が本当にこんなことをやるとは思いもしませんでしたから。この佐藤という人は、最初の取り調べで素直に全部認めてしまったそうですよ。取り調べの録音・録画の制度が導入されて、取り調べをやりにくくなった特捜にとって、こんな人は絶好の餌食《えじき》じゃないですか。これじゃ弱い者いじめでは……」

検察首脳の部屋を辞した後も私の心中はまだ泡立っており、別の幹部の部屋にアポなしで押しかけることにした。この人も特捜部の捜査について決裁する立場にある上級庁の幹部だ。上申書は一部しか用意してこなかったので、こちらでは私が知っている限りをかいつまんで話した。幹部は私の話を聞き終えてから、険のある目付きで言った。

「じゃあ君は、その佐藤という人の話を聞いただけで、特捜がおかしなことをやっていると、そう言いたいわけだ。その佐藤とやらには利得がまったくなくて、エスオーなんとかって会社は融資金を全額事業資金に充てていて、逮捕がなければ返済できたのに、特捜が逮捕して返済不能にしてしまったって、そう言うわけだ。特捜がそんなおかしなことをやるって、君は本気で思っているわけだ」

こちらは言うだけ言ったらさっさと退散するつもりだったのだが、思わぬ逆襲に返す言葉は見つからなかった。

確かにそうだった。自分はこの事件について、佐藤から聞いたこと以外は何も知らないのだ。一ヵ月前、詐欺師がきたら化けの皮を剥《は》いでやろうぐらいのつもりであの喫茶店に出向いたというのに、いつのまにかあの男の話をすっかり真に受けていた。特捜部は現に彼らを逮捕したのだ。逮捕すべきと判断するだけの何かがあったはずだとは考えもせず、私は特捜を批判していた……。

冷水を浴びせられたような気分で私は検察の庁舎を出た。

そして、この事件の顚末《てんまつ》について一から改めて取材していくことにした。先入観を捨て、現実に何が行われたのかを知るために。

第一章

軌跡

粉飾がなぜ中小企業に存在するのか、やらざるを得ない環境に置かれているのかを、××検事はまったくわかっていない。悪いことはダメだという考えだけ。あまり私の方で中小企業の現実について話すと、他社へ波及するのも恐く、言及せず。皆、やりたくはないが、手を染めてしまっている。だますという意図などなく。五十年ぐらい後に、中小企業が粉飾などせず正々堂々と決算を出し、それに対して新規で融資を出してくれるような仕組みができればいいですね、という話をした。××検事はフンフンと聞いていた。

（佐藤真言が東京拘置所で記した日記——平成二十三年九月二十日の記述）

踏み絵の支店

佐藤真言の人生を文字通り変えた本がある。『小説　日本興業銀行』（高杉良著）。両親とも教師だった佐藤は自分も教師になることを漠然と考えていたが、北海道大学法学部の二年次を終えた春休み、雪解け間近の札幌の下宿でこれに読みふけり、目指す道を「バンカー」に変えた。

自由闊達《かったつ》で多士済々だった産業金融の雄を舞台にしたこの小説には、主人公の中山素平ら日本を支えるという気概にあふれた昭和の「バンカー」たちが登場する。そして、野戦病院さながらに駆け込んでくる傷ついた企業を建て直すために英知を尽くす場面がいくつも出てくる。

平成八年春、興銀の採用試験を受けた佐藤は面接でこう述べた。

「中山素平さんのように顧客企業や天下国家のことを思うバンカーになりたいです。百戦錬磨の経営者とひざ詰めで語り合い、経営者の夢を形に変えるお手伝いをしたいと思っています」

面接官は冷淡に言った。「中山さんの頃のように、一人の英雄を生む時代じゃないんだよ」

佐藤は第一勧業銀行に採用されて、初任地は住み慣れた札幌支店に配属された。

銀行の花形である新規客や既存客の融資担当を任された佐藤は、ここで新米の銀行マンとしては上々の評価を受けている。そして三年後の十一年一月、初めての人事異動で東京の築地支店に赴任した。

築地支店は当時、行内で顧客企業数が常に全国一位、貸付金額もトップに迫る位置にあり、大阪の繊維街をカバーする船場支店とともに「東の築地、西の船場」と並び称される横綱支店だった。三年目でこの店への赴任は栄転といってよく、札幌支店での彼の活躍ぶりがうかがえる人事だ。

だが、そこで待っていたのは、彼が理想とする昭和の「バンカー」とは少し違った世界だった。


「こんな数字でどうするんだ君は！　銀行をなめてんのか！」

支店の朝は大抵いつも、支店長室から響く怒声で始まった。

毎朝八時半、三十人ほどいる法人営業担当の行員たちが一人ずつ支店長室に呼ばれ、前日あげた営業成績を口頭で報告させられた。貸出増強額（新規にまとめた貸付金額）、デリバティブ（金融派生商品）の新規契約額、金利引き上げの達成件数、契約を取ったカードローン件数……。これらの項目別に毎月の各自のノルマが細かく決められており、営業マンたちは前日あげた数字を一つずつ報告していく。それを支店長が手元の一覧表に自分で記入していく。成績が芳しくないと、表がうまっていくにつれて支店長の顔が険しくなっていく。支店長室のドアはいつも開け放たれていたので、怒鳴り散らす声が店内に響いた。好成績の者は短時間で済んだが、毎度のように一人で三十分以上もつるし上げをくらう者もいた。それはいわば見せしめのための儀式だった。

各人の月間ノルマは、半期ごとに本店から示される目標額をもとに割り振られた。当時の築地は半期ごとに「収益一億円増」を求められていたので、これをまず六ヵ月で割り、各人の担当顧客の数や規模に応じて分配され、項目別の月間目標額が決められた。担当企業数が多い者の場合、たとえば金利引き上げによる収益増加額だけで毎月百万円がノルマだった。

金利引き上げとは、貸付先との間で約定していた金利を途中で引き上げてしまうことだ。金利は〇・一二五％刻みで上下するので、たとえば二・八七五％だったものを三・一二五％に引き上げる。

営業マンはノルマをこなすため、なんとか持ちこたえそうな貸付先を選んで電話をかける。「御社の格付けが下がりましたので、金利を変更させていただきます。本店の指示なのでご理解ください」などと申し渡す。

相手の企業にしてみれば理不尽な話だが、銀行に逆らえる中小企業経営者などそうはいない。唐突な「格下げ」など実は口からでまかせだし、中小企業向けの融資の大半は保証協会の保証付き融資なので銀行にリスクはないのだが、それを盾にして抵抗するのは無益なことだ。抵抗したとしても、「この条件で付き合ってくれないと、もう金輪際お貸しできないと支店長が……」こんなふうに脅されれば、飲むしかなくなる。

はったりと脅し。営業マンたちが求められたのは、その使い分けだった。

築地支店は当時行内で「踏み絵支店」とも陰口されていた。

大企業は本店営業部が直轄するので、築地が受け持つのは日本橋界隈にひしめく中堅クラス以下の企業群だ。ここに配属された者に求められたのは、過大なノルマをこなすための馬力と根性。それを銀行では「ストレス耐性」という言葉で評価の尺度にしていた。ストレスは仕事の量だけに起因するものではない。目先の利益を優先する仕事は、切り捨ての論理の上に成り立つ。取れるものからはとことん搾り、切り捨てるべきものには情けをかけるな――絶対君主の支店長はそのスタンスを全員に浸透させるのが務めだった。

だから築地には、東大出のエリート候補生はめったに配属されず、私大や地方大出のタフでやる気のある若手が集められた。そして、消耗品として落伍していくのか、それとも実績をあげて出世コースに乗るのか、その分かれ道がこの支店だった。

佐藤がここに赴任した平成十一年は、銀行の融資先に対する審査方法が大きく様変わりした年でもあった。

この年、大蔵省の分割に伴い発足した金融監督庁（二年後、金融庁に改組）が、後に世間から「諸悪の根源」とまでこき下ろされることになる「金融検査マニュアル」を公表した。これは金融監督庁の検査官が金融機関を検査する際の手引書だが、すべての銀行はここに示された厳格な審査方法に従わねばならなくなった。いわばすべての銀行の審査基準を一律化する虎の巻だ。

このマニュアルでは、企業の信用度を評価する尺度として、決算書の数字に大きな比重が置かれた。決算書に書かれた数字によって、銀行は融資先企業を格付けして選別することになり、決算で赤字や債務超過となっている会社は自動的に「要注意先」へと振り分けられた。「要注意先」は新たな融資をしてはならない対象だ。

それまでどんなに長い付き合いの会社でも、決算書の内容がよくなければお金を貸してもらえないことになった。このため倒産するケースも出てきた。こうして銀行による「貸し渋り」「貸し剝がし」が社会問題としてクローズアップされるようになったが、銀行としては、決算の数字上では中小企業の多くが低い格付けになるのだから、いかんともしがたいことだった。マニュアルでは、格付けの低い企業に融資すれば、その分だけ不良債権として貸倒引当金を計上しなければならないと定められているからだ。銀行がこれ以上引当金を積まないためには、世間から貸し渋り、貸し剝がしと非難されようとも、そうした企業は切り捨てるしかなかった。

格付け分類の仕方は銀行によって微妙に違ったが、当時の第一勧銀は十四段階に分けていた。一〜

六は本店営業部が担当する優良な大企業や中堅企業がほとんどで、支店の担当は七以下がほとんどだ。

八と九はプロパー融資も検討する成長株の企業で「一般先」と呼ばれた。

十はプロパー融資をめったにせず、主に保証協会の保証付き融資一本しか付き合わないことから「マル保一発先」と内部で呼ばれたグループ。

十一は小さな赤字があるか、リスケ（銀行への返済が困難になったため先延ばししてもらうこと＝リスケジュール）をしているため「要注意先」のレッテルを貼られた会社。

十二は「破綻懸念先」で、赤字が大きいか返済を延滞している会社。

十三は「実質破綻先」で、すでに営業ストップしている会社。

十四はすでに倒産した「破綻先」だ。

これらのうち、ほとんどの中小企業群が置かれた立場は、十の「マル保一発先」か、十一の「要注意先」だった。

この支店で、入行四年目の佐藤は成績良好と評価されたため、基幹先を中心とした百二十社の担当を一人で任されていた。百二十社のうち、目をかけるべき「一般先」は三十社ほどで、「プロパー融資をどんどん突っ込め。他行に負けるな」と支店長にハッパをかけられた。残りの九十社ほどは「マル保一発先」か「要注意先」で、「ほっとけばいい」と支店長に一蹴される相手だった。

佐藤は順調にノルマをこなした。朝の成績報告の儀式も佐藤は大抵、短時間で済んでいた。だが、本人の心には、「踏み絵」を踏めないもう一人の自分が巣食っていた。佐藤は語る。

「私は自分が担当している会社がどんな特色を持ち、何を目指しているのか、どんな可能性を秘めているのか、本当の意味ではほとんど見ていなかった。見ていたのは、決算書や資料の数字を通してわかることだけ。それ以上のことに目を向けている暇はないし、目を向けることを求められもしなかった。なにしろ百二十もの会社を相手にして、ノルマ達成のため営業攻勢に駆け回る毎日ですから」

デリバティブを押し売りし、金利引き上げで頭を下げ、果ては公共料金の支払い手数料から宝くじの販売にいたるまで、多岐にわたる利益追求のノルマをこなすためには、一つひとつの会社に目を留める暇などありはしない。

当時、大手都市銀行はどこも積極的な店舗統合やリストラによって人員削減を進めており、一人の法人営業マンが担当する企業数はどんどん膨らんでいた。今までなかった、取引先の格付け作業や定期的な格付け見直しの作業も加わり、行員一人あたりの仕事量は劇的に膨らんでいた。融資業務は合理化され、今までのように融資先の経営状況や資金繰りに目配りする余裕をなくしていった。しかも、「金融検査マニュアル」によって融資をする際の判断材料は決算書などペーパー上の情報に移ったため、営業担当の対応もマニュアル化していく傾向にあった。

築地に配属されて半年余り経った頃、支店の顧客の中小企業経営者が首を吊って自ら命を絶った。その会社を担当していたのは、佐藤の隣の席にいた先輩の行員だった。凶報は社長の妻からの電話で先輩にもたらされた。先輩はしばらく受話器を握ったまま絶句していた。

その会社は築地に多い水産物の卸売業者の一つで、格付けは十一（要注意先）だったが、実質は十二（破綻懸念先）に限りなく近いといわれるほど債務超過額が大きい状態に陥っていた。社長が支店にリスケを申し入れ、先輩はどのような条件で今後返済させていくかの条件を稟議書にまとめ、上司に提出して決裁を仰いでいた。

だが、稟議書が上がるたび、先輩は支店長室に呼びつけられて、「もっと回収できないのか」「もっと金利を上げられないのか」と弱腰を叱責《しっせき》されていた。

自殺の前日、先輩は社長に電話した際、いつもと違う野太い声を出していた。「金利を引き上げさせてもらいますよ。それと、返済額も増額させてもらわないと稟議が通らないんですよ」

向かいの席にいた課長が「君、話し方に少し気をつけなさい」と後で注意したほどきつい口調だったが、先輩は課長に言い返した。「だって課長、こうでも言わないと支店長の方針が通せませんよ」

彼にすれば、ほかにどう言えばいいんだという気持ちだっただろう。翌日の凶報は彼を打ちのめした。

課長から顧客の自殺を報告された支店長は「そうか」と頷いた。そして、「与信管理をしっかりしておけよ」と言い置くなり背を向けた。支店長室に消えていくその背中を、先輩と課長が無言で見送っていた。そして支店はまた、何事もなかったように動き出す。経営者が自殺したその会社は数日後、破産に向けた手続きを開始。支店には弁護士から介入通知が届き、粛々と担保処分などの回収業務が始まった。一人の経営者が銀行に殺された。そばで支える人間がいれば避けられる事態だったのではないかと佐藤は思った。

当時、佐藤が前任から引き継いだ担当企業の中に、資材卸売り会社があった。親会社が倒産し、社長が親会社の借入の保証人になっていたため五千万円の債務をかぶってしまい、そのせいで銀行への返済を繰り延べてもらうリスケ中の状態だった。

リスケ中なので格付けは十一の「要注意先」――マル保一発すら新規に貸してもらえない会社だ。

しかし、佐藤の目にこの会社は、銀行との取引を正常化できさえすれば事業規模を拡大していく可能性は十分あると映っていた。でも、この会社に新規融資の門を開こうとしても、支店長から叱責されるだけだった。社長が支店を訪ねてきたとき、支店長に会わせようと試みたが、「適当にあしらって追い返せ」と退けられた。

佐藤には歯がゆさだけが残った。銀行は顧客の方を向いて仕事をしてはいない。支店長が見ているのは本店だけ。次長や課長は支店長のご機嫌取りに汲々としているだけ。

札幌支店にいた頃はまだ、たとえ前期の決算が債務超過の会社でも、経営者の人格や経営能力、商売の先見性、技術力、営業力、そういったものを総合的にみて、少しずつ融資額を増やしながら育てていこうと判断する柔軟さがあった。だが、一律の格付け制度を強いられた今は決算の数字だけがすべてだ。個人的に買っている社長が相手でも、「社長、債務超過では貸せませんよ。いまはそういうシステムになっていますから」と言って追い返すしかない。銀行の助けなしにこれらの企業が「マル保一発先」を脱出するのは至難の業だ。佐藤はその壁を痛切に感じていた。

昭和の「バンカー」など必要とされない時代になっていた。

「自分はこのままノルマ第一で出世したとして、あの次長や課長、支店長のようになるだけではないか。やろうとしていることはできそうにない。銀行員の限界を見てしまった心境でした」

入行六年目の平成十三年十一月一日、佐藤は上司に退職を願い出た。

「成績良好だし何の問題もない。何で辞めるのかさっぱりわからない」当時の上司は札幌時代の佐藤の上司に事情を問われてこう答えている。

その前月、佐藤はある男と再会していた。名前は河本恭平（仮名）。第一勧銀で佐藤の二年先輩にあたり、半年前まで同じ築地支店に勤めていた男だった。

河本は秋田を振り出しに地方支店を回ってから、営業成績を認められて大店の築地に配属されていた。しかし、喧嘩《けんか》っ早いところがあり、築地の支店長とはあまりうまくいかず、佐藤とは対照的に、朝の儀式で長時間の叱責を食らうことがときどきあった。おかげで後の番だった連中は時間切れで叱責を免れたから、河本は同僚たちにありがたがられる存在だった。そんなとき「おれは弾除けでいいんだよ」と強がりを言ったりする、そういう男だった。

この年の春、河本はある中小企業にプロパー融資を出すべきだと判断して稟議書をまとめ、上の決裁を仰いだ。上司の課長らは「いいじゃないか」と認めていたが、支店長はこれを一蹴した。

「いえ、ここは（融資を）出すべきです！」河本は太い声で支店長に詰め寄った。

「ふざけんな、この馬鹿やろう」支店長より先に、横にいた課長が河本を怒鳴りつけた。

それでも河本は食い下がった。「――ですけど、ここだけは絶対出すべきなんです！」

課長らが河本を無理やり支店長室の外に引きずり出した。河本は課長にも嚙み付いた。「あなたはOKだって言ってたじゃないですか」課長はバツの悪そうな顔で「悪かったな」と下を向いた。

この一件の後、河本は辞表を出した。成り行きでそうなったとはいえ、三十一歳で裸一貫の再スタートを切ることにした。銀行で培った経験と知識を武器にして、今度は中小企業の側に立ってこれを支え、銀行と渡り合うコンサルタントの仕事だった。

それから五ヵ月後の十月、河本は古巣の築地支店から転勤していく元同僚の送別会に顔を出し、そこで佐藤と顔を合わせた。近況話になり、河本は「収益も順調だし充実しているよ」と新しい仕事について語って聞かせた。佐藤は話の内容よりも、いきいきと話す河本の顔が印象に残ったという。

佐藤は辞表を出した後、河本に連絡した。「河本さん、実は僕、辞めるんです」

河本は驚きを隠さなかった。自分とは正反対で支店長の覚えめでたかった佐藤がなぜ銀行を辞めるのかと。

「いろいろありまして……。それで僕も中小企業のお手伝いをやりたいんです」

「そうか。じゃあ一緒にやるか。ただし給料は出ないから、自分の食い扶持は自分で見つけてきてもらうしかないぞ」

佐藤は十三年十一月三十日付で退社。そして河本と二人、中小企業の側に立つ新たな道へと踏み出した。「財界の鞍馬天狗」と呼ばれた中山素平になぞらえれば「中小企業の味方、鞍馬天狗参上」という意気込みも多少はあったようだ。


ちなみに、佐藤が第一勧銀を去って間もない十四年二月、金融庁は三年前に発表した「金融検査マニュアル」を補足する「金融検査マニュアル別冊（中小企業融資編）」を公表している。この別冊では、中小企業に対する格付け審査の基準について「表面上の財務状況の判断だけでなく、経営の実態を把握し、柔軟に総合的に判断しなければならない」と軌道修正している。

決算書の数字のみで機械的に審査せよと号令を発した三年前のマニュアルが中小企業に対する「貸し渋り」「貸し剝がし」を引き起こした現実に鑑みて、数字以外の要素にも目を向ける余地を銀行に与えることにしたわけだ。面子を重んじるお役所があえて号令に補足を加えねばならなくなったことは、この三年間に銀行がどれだけ「柔軟で総合的な判断力」を失わされてしまったかを物語っている。

佐藤と河本は、軌道修正前のマニュアルに縛られた最悪の三年間を「踏み絵支店」で過ごした。銀行が中小企業をいじめるだけいじめ抜いた時代。「そこに大義はなく、あるのは銀行のエゴだけだった」と佐藤は振り返る。そして二人は銀行を飛び出した。二人だけでなく、同じ頃、多くの若きバンカーたちが金融検査マニュアルの壁にぶつかって銀行を去っている。

同じ十四年の四月、第一勧銀は富士銀行、日本興業銀行と分割合併し、みずほ銀行が誕生。本格的なメガバンク時代が到来した。

十年後の夢

あなたの夢は何ですか——。

あの日、通勤電車の窓から見えたポスターのキャッチコピーを、まだ鮮烈に覚えている。文字の色やレタリングの形まで、今でもはっきり思い出すことができる。

それを見たとき、朝倉亨は三十三歳だった。故郷の岩手県で過ごした少年時代から洋服が好きだった。高校時代からファッション雑誌には欠かさず目を通し、アメリカ西海岸や原宿などから発信されるトレンドにアンテナを立て続けた。高校卒業とともに上京し、新宿の服飾専門学校に進んだ。卒業後しばらくはフリーター生活をして結構稼いでいたが、知り合いのツテを頼って古株の衣料品メーカーに就職した。ここで業界の一年間の流れを学んでから、満を持して業界最大手といわれる流行ブランドの会社に飛び込んだ。それが九年前、二十四歳のときだった。

一九八〇年代のＤＣブランドブームで一世を風靡《ふうび》した会社だけに、仕事のハードさも業界屈指で、早朝出社し深夜まで残業する日々がエンドレスに続く。それでも、好きな世界で働くことをさほど辛いとは思わない。今ではそれなりの地位に就き、責任も重くなってきた。

そんなとき、山手線の駅のホームに貼ってあった大きな広告の文字は、朝倉に忘れていた夢を思い出させた。九年前、この会社に入るとき、自分に誓ったこと――十年たったら独立する、何をやるかはわからないが、とにかく自分の道を自分の力で切り拓きたい。

あと一年で、その節目の年がやってくる。

次の年、朝倉は夢への一歩を踏み出した。平成十年、会社を辞めて資金集めに奔走し、翌年二月、〈エス・オーインク〉の前身となる有限会社を興した。

知人や親類が二千万円を超す資金を用立ててくれた。応援してくれた人たちの期待を絶対に無駄にはしない。西新宿の雑居ビルからのスタートとなったが、いずれはファッション業界が集まる渋谷区のメインストリートに城を構えてみせる――そう心に決めていた。

まずは、他社ブランドの服の製造を請け負う「ＯＥＭ」と呼ばれる業態から始めた。一着の服には糸に表地、裏地、ボタン、タグ、ファスナー、紐、ゴムなど多岐にわたるパーツを専門に作って納める業者たちや、縫製工場、デザイナー、卸売り、小売りまで、細分化されたたくさんの会社の力が結集されている。一枚のデザイン画を一着の服に変えるためには、上流から下流まで長い川のような業界の仕組みや慣習、それぞれの特徴を知り尽くしていなければならない。朝倉はこれまで吸収してきた生産管理のスキルと人脈を生かし、持ち込まれる服のイメージを形にして納めていく。いわば製造ノウハウを売る仕事だ。発注を受けて作る仕事なので、こちらの利益は薄いが、在庫を抱えるリスクはない。

そして、時代はちょうど、デザイナーが与える既成のファッションではなく、街角の若者たちが作り出す「ストリート系」がブレークした九〇年代の終わり頃にさしかかっていた。十代から二十代前半の若者たちがイメージした服を形にしてほしいという依頼はひきもきらず、会社は時流に乗って年商四億ほどにまで成長した。

朝倉は働きに働いた。年のうち三百六十日は出勤し、朝は社員とのミーティング、夜は社員が帰った後も残業が当たり前。経理を独学で勉強して自分で兼務し、その仕事のために日曜日をあてた。経理は資金繰りに直結するのだし、自分が兼務すれば人件費を一人分浮かせられるのだから一石二鳥というわけだ。きついと思ったことはない。義務感ではなくそれが当然と思ってやってきた。

オリジナルブランドを立ち上げるというのは、朝倉のような「洋服バカ」にとって一世一代の夢の到達点だ。同時に起業家としては大きな賭《か》けでもある。朝倉は四年目に打って出た。ちょうど名前が売れだしていた日本人スタイリストと契約し、最初のオリジナルブランド「リコ」を発表。渋谷区恵比寿西に直営のセレクトショップ「リコ」もオープンさせた。

リコのカタログを見ると、パーカーからブーツまでどれも、普段着はすべて妻が西友かユニクロで買ってくるという一般的オジサンには目の玉が飛び出るような価格が並んでいる。しかし、大手通販会社の担当者に聞くと「リコはビンテージなクルマとエレキギターが似合う二十代から三十代のお宝アイテムなんです」とのことだ。ストリート系よりちょっと上の収入のある年代を狙った「おしゃれ着」というところか。

リコの人気に本格的に火がついたのは三シーズン目の平成十六年で、売上はうなぎのぼりになった。朝倉は「攻め」をやめなかった。翌十七年には第二のブランド「ダヴィット・モルソー」をスタート。こちらはリコよりやや落ち着いた雰囲気のブランドとして市場に受け入れられた。さらに十八年、第三のブランド「ロバート・ゲラー・ニューヨーク」発表に向けて動き出す。

後に冷静に振り返れるようになってから朝倉が述懐した言葉によると、この平成十八年が彼の会社の「分岐点」だった。進むべきか、踏みとどまるべきかの分かれ道。結果論ではあるが、この年さらに大きく打って出たことが後々まで響くことになる。

この年も売上自体は躍進が続いていた。しかし、出費の方も飛躍的に膨らんでしまった。

最大の原因は家賃負担の増大だった。朝倉はこの年、ついに本社を新宿区西新宿から渋谷区南平台に移転した。アパレル企業にとって本社事務所は事業拠点としての機能だけでなくショールーム的な役目も担うので、これを業界の中心地の「シブヤ」に置くことは一種のステータスなのだ。ファッション誌の取材など業界関係者の来社頻度を高められ、売上を増やすことにつながる。朝倉は同じ理由から、直営店舗も同じ渋谷区内でも高級店の多い代官山に移転させ、内装にも力を入れた。

結果、家賃負担は本社が月七十万円から二百万円へ、店舗が月五十万円から百四十万円へ、合わせて三倍ほどに膨らんだ。当時は銀行が中小企業に対する融資に積極的で、朝倉のところにも盛んに「借りてくれませんか」と営業攻勢をかけていたことが背景にあった。

そして迎えた十八年秋の決算は、売上高は七億九千万円を超えたものの、諸々の経費が膨らんだ結果、経常利益は千四百万円——黒字、資産超過をなんとか維持できたという状態だった。

翌十九年は三つ目のブランドの立ち上げに向けた経費もかさんだ。ロバート・ゲラーはニューヨークで活躍する新進デザイナーで、〈エス・オーインク〉はゲラーと独占契約を結び、その名を冠したブランドを世界市場に向けて発表することにした。ターゲットは三十〜四十代に設定し、価格帯もリコよりさらに高めなので、デザイン料や試作品制作費も大きかった。

誤算だったのは、それだけ力を入れた新ブランドが予期せぬ出遅れをしたことだ。朝倉は十九年の春夏物シーズンから華々しくデビューさせるつもりで準備を進めたが、日米間の商慣習の違いが思わぬ壁となり、手続きが遅れて春夏シーズンを逃してしまった。先行投資の一部は無駄になり、十九年前半は経費だけがのしかかる状態になった。

そして十九年夏。歯車が一つ逆の方向に回りだすと、すべてが一気に逆転していく。

六月中旬、あと十日ほどでメーンバンクの三井住友銀行から二千万円の融資金が出る予定だった。毎年六月末の折り返し資金（返済を済ませた分を新たに借りるもの）で、稼ぎどきの秋冬シーズンに向けた仕込みに欠かせない資金だった。

その三井住友の支店から急な呼び出しがあった。これまで一度も通されたことのない応接室に案内され、いつもの若い担当行員ではなく年配の上司が応対に現れた。その上司は、朝倉が毎月提出している試算表を示しながら言った。「こんな内容じゃ（融資金は）出せないよ、あなた」

「ええっ……」

言下に切り捨てられて、朝倉は言葉に詰まった。試算表は会社の売上や経費の推移を銀行に報告するいわば月間速報のレポートで、確かに今期はマイナスになる月も出ていた。しかし、夏場にいったんマイナスに落ちて秋から冬に取り戻すのはアパレル業界全体の体質だ。今は新ブランドの立ち遅れで経費に売上が付いてこない状態だが、だからこそ新ブランドで取り戻すために仕入れや広告宣伝の資金が必要なのだ。担当の若い行員も先月会ったとき、「融資は大丈夫でしょう」と見通しを語ってくれていた。

前年までは、借りろ、借りろとうるさいほどだった大銀行の、手のひらを返すような貸し剝がしだった。しかし、朝倉はその場で反駁《はんばく》の言葉をほとんど口にせず、肩を落として支店を出るだけだった。銀行が一度ダメと言ったらもうダメなのだ、銀行さまには逆らえない――そういう刷り込みが彼の頭の中にはあった。

「魔の季節」――アパレル業界で夏場はこう呼ばれる。資金ショートで倒産するケースは夏が最も多いからだ。運転資金のはしごを土壇場で外されて朝倉は頭を抱えていた。当時の〈エス・オーインク〉の取引銀行はメーンの三井住友に集中しすぎていたため、頼みの綱は一本しかない状態だった。どう算盤《そろばん》を弾いてみても、月末の二千万円がなければこの夏を乗り切るのは不可能だった。

朝倉は中小企業経営の虎の巻的な本を数冊買い込んで銀行との交渉の仕方を必死に勉強した。それまで銀行への返済を遅らせたことは一度もなかったが、仕入先に支払い繰り延べをお願いするにも限度がある、こうなった以上、銀行にリスケ（リスケジュール）をお願いして、返済を繰り延べてもらうしかない――そう一人で判断した。一度リスケを選択すれば、銀行による格付けは「要注意先」に落とされ、新規融資の門は開かれなくなる。そのことは知っていたが、あと一シーズン、今年の秋冬を乗り切れば、売上を回復させて正常化できるはずだと朝倉は信じていた。

七月に入ってすぐ、朝倉はリスケ交渉のため銀行行脚《あんぎゃ》を始めた。三井住友に呼び出されてからわずか二週間後だった。当時の〈エス・オーインク〉の借入残高は三億三千万円ほどで、主な借入先の金融機関は五つだった。朝倉は本で学んだノウハウを頼りにして返済猶予の申し込み書類を自作し、五つの支店を回った。

「大変勝手なお願いではありますが、向こう六ヵ月の借入金返済の減額を含めた返済条件の変更をお願い申し上げます」

彼が選択したリスケの条件は「半年間は利息だけを支払い、七ヵ月目から元本返済を再開する」というものだった。リスケによって新規の資金調達が止まる期間をなるべく短くしたいので、六ヵ月間だけ銀行返済の蛇口を閉めさせてもらおうという作戦だ。

五機関のうち四つはこの条件で承諾してくれたが、取引額が突出して大きい三井住友だけはこの条件を歯牙《しが》にもかけてくれなかった。

「繰り延べはだめです。プロパー融資分は毎月最低でも二百五十万は入れてもらわないと」

三井住友からのプロパー融資残高は当時約一億五千万円で、毎月の返済額は約七百五十万円だった。これを三分の一の二百五十万円ずつの返済に変更する条件なら認められるという回答だった。リスケの条件としてはかなり厳しいものだが、当時の朝倉は銀行と条件闘争ができるほど理論武装もノウハウも持ち合わせていなかった。朝倉はこの条件で返済していくことにした。

そして秋がやってきた。新ブランドは広告宣伝費などを削って静かなスタートとなったものの、なんとかギリギリで秋冬物シーズンに間に合わせることができた。リスケをして以来、銀行からの借り換えや新規融資はすべて閉ざされ、厳しい資金繰りが続いていた。なんとかして一刻も早く正常化すること、朝倉はそれだけを心に刻んでいた。

十月末に決算を閉めてから一ヵ月半ほど経った頃、決算書作成を任せている会計事務所の担当者が報告してきた。

「数字がまとまりましたが、今期は債務超過になってしまいますよ」

経常損益額が約七千万円の赤字で、債務超過額が約五千万円だった。

会社始まって以来の債務超過への転落――。

朝倉は決断を迫られた。

粉飾時代

「銀行にいるより、対岸に渡って中小企業のオヤジさんたちと一緒に銀行に乗り込む方になろうと思うんだ」

佐藤真言がその考えを口にしたとき、一番喜んでくれたのは妻だった。札幌支店時代に近くの喫茶店のウェイトレスをしていた妻と出会い、結ばれた。二人で初めての東京に居を移した後、築地支店の仕事で次第にストレスを募らせていった彼にとって、妻は一番の相談相手だった。そして、企業経営者と二人三脚で会社を育てていくという彼の理想のバンカー像について、誰よりもよく理解してくれていたのも妻だった。退職を心に決めた頃、一緒に札幌に帰って喫茶店でもやるか――彼がそう言いだしたとき、

本当にそれでいいの?

これまで積み重ねてきたものを捨てちゃうの?

夢はもういいの?

妻に真顔でそう問いかけられた。そのとき彼が思いだしたのが、同僚の送別会で再会した河本の顔だった。そういえば河本さん、銀行にいた頃よりずっといい顔をしていたな――と。

平成十四年一月、佐藤は河本がオフィス代わりにしていた日本橋箱崎町のワンルームマンションに席を置き、新たな戦いを始動した。当時二十九歳。河本と佐藤が二人で正式にコンサルティング会社を立ち上げるのは翌十五年三月のことだ。最初は名刺一枚で顧客企業の開拓に走り回ることから始めた。

手始めに、築地支店時代に担当していた百二十社のうち、格付けの低い六十社ほどに絞って片っ端から電話をかけまくった。

「最初の三ヵ月は無料で会社の資金繰り改善のお手伝いをさせていただきます」

三ヵ月で自分の有用さを理解させてコンサルティング契約を結ばせる自信があった。といっても、相手は「マル保一発先」や「要注意先」のレッテルを貼られた企業ばかりだ。資金繰りでいつも頭を痛めている経営者たちなので、コンサル料を支払う余力などないはずだが、そういう会社だからこそ自分の力を発揮できると佐藤は考えていた。そして三ヵ月後、彼は五社の顧客をつかまえていた。

河本と佐藤が考えていたのは「数字」という言語を使って企業と銀行の間を橋渡しする案内役のような姿だ。二人は銀行員として顧客の中小企業を見ていた頃、歯がゆさを感じる場面が多々あったという。中小企業のオヤジさんたちは、事業資金を得るために口では雄弁に語るが、銀行と円滑な関係を築くために必要なのは言葉ではなく「数字」だ。多くの経営者は数字で語ることが得意ではない。

というか、かなり下手だ。だから俺たちがその橋渡しをしよう。俺たちの仕事は数字という言語で企業と銀行の間をつなぐんだから「企業文化翻訳業」だね——二人でそんなことを語り合った。

具体的にどんなことをするかというと、彼らの仕事はまず、契約してくれた経営者とともにその会社の「資金繰り表」と「事業計画書」を作ることから始まる。

決算報告書はいわば会社の一年間の成績表だが、そこに示されるのはすべて結果で、それまでのプロセスは読み取れない。一方、「資金繰り表」は仕入れと売上、借入と返済、経費の内訳などの金額を月ごとに記すもので、赤字ならどこに問題があるのかといったことを数字で示すことができる。いわば会社の解剖図のようなものだ。そして「事業計画書」は数字に裏打ちされた会社の将来像の設計図のようなもの。この二つを出せば銀行員のツボを押さえた融資交渉をすることができる。

これが「マル保一発先」脱却の第一歩になるんですよ——佐藤は顧客にそう説いた。

銀行の業務はすべて書類ベースで行われ、融資担当の行員は稟議書を作って支店長に決裁を仰ぐ。資金繰り表と事業計画書はその稟議書を作る際の材料になる。文書で渡せば、担当の行員だけでなく上司の課長、副支店長、支店長も目を通すし、ファイルされて後任にも引き継がれる。また、これを作ることで経営者の頭が整理され、おのずと自分の会社の現状や課題を認識させられることにもなるわけだ。

こうした銀行交渉のための書類作成を第一歩に、彼らは顧客の資金繰り改善や経営体質改善のアドバイスやサポートをしていく。河本はこの仕事を「ドサ回りの財務担当」と称した。今日はこちら、明日はこちらと、請われた会社を掛け持ちしながら働くイメージだろう。

もちろん彼らは、顧客企業の経営者などが銀行と交渉する際は常に隣に付き添って「お助けマン」

に変身する。ある顧客企業が取引銀行から一方的に金利の引き上げを申し渡されたとき、佐藤は一緒に支店に出向いてこう切り返した。「格付けが下がったから金利を上げるとおっしゃいますが、うちへの融資は保証協会の保証付きなので、信用リスクは関係ないはずです。引き上げるなら金利ではなく、保証協会に支払う保証料の方ではないですか」

手の内を知り尽くした相手ほど手強いものはない。

「……でも、それでは今後はお付き合いできなくなりますが」

「わかりました。では他行から借り換えますので、この保証枠を切り離していただけますか」

保証付き融資は銀行にとってリスクゼロのおいしい融資なので、保証枠を持参すればどこの銀行でも諸手を挙げて迎えてくれるのだ。銀行員は渋々、金利の引き上げを撤回した。

経営者にとっては、銀行出身の頼りになる財務担当を一人雇ったのと同じことなので、最大で月三十万円のコンサル料も考えようによっては安いものだった。

こうして佐藤は金を貸す側から、垣根の向こうの借りる側をサポートする立場へと転身を果たし、顧客を順調に増やしていった。

そして彼は必然的に、ある重要な選択を繰り返し迫られるようになっていく。

中小企業の間で予想を超えて粉飾決算が広く蔓延《まんえん》している現実に直面し、これを容認して事業再生のため知恵を絞るべきなのか、あるいは引導を渡して粉飾をやめさせるべきなのかを、その都度考えねばならなくなるのだ。時代はちょうど、粉飾の横行に拍車がかかる平成十年代後半にさしかかっていた。

粉飾決算の横行を招く引き金となったのは、皮肉なことに中小企業への融資を促進するため金融庁が打ち出した施策だった。

金融庁は平成十五年度から、貸し渋り対策として金融機関に「スコアリング方式」と呼ばれる貸し倒れリスクの判定方法を導入することを推奨した。スコアリング方式とは、融資を希望する企業の決算書データをコンピュータに分析させて与信判断するものだ。金融庁は金融検査マニュアルによって全銀行に導入させた一律の格付け評価の仕組みを、機械的システムによってさらに迅速、確実なものにさせたわけだ。

スコアリングの導入によって、企業から銀行の支店に出された決算書はすべて本店に送られ、コンピュータの分析にかけられるようになった。コンピュータが今後三〜五年間の倒産リスクを割り出して格付けを判定する。その答えをもとに銀行は、融資の可否や金利などの融資条件を決めていく。それが当たり前の光景になった。

これがなぜ貸し渋り対策につながると期待されたのかというと、たくさんの企業を迅速にさばけるようになるため、中小企業に対する貸付金額が増大していくと考えられたためだ。

各銀行はこの頃、スコアリング方式による中小企業向けの無担保融資の新商品を続々と導入していった。これらの商品は「ビジネスローン」と総称された。スコアリング方式の審査をパスすれば、最大五千万円の融資を無担保で受けられるといったものだった。

その審査風景はこんな感じだ。

ある社長が過去二期の決算書と納税証明書などを持って、最寄りの支店のビジネスローン窓口に申し込みに行く。最新の決算が債務超過だった会社は審査を受ける前にハネられる。そうでない場合、銀行の担当者は受け取った決算書の数字をコンピュータに入力していき、早ければ数十分で答えが弾き出される。担当者がプリントアウトされた紙を持ってきて、「おめでとうございます。金利二・五％で五千万円、期間三年でお貸しできますよ。よろしければ申込書に記入してください」

手続きを済ませて二、三日後には融資金が入る。ドライで効率的、スピーディーなやり方だ。〈エス・オーインク〉の朝倉亨が平成十八年に事業拡大に踏み切ったのも、このビジネスローン・ブームによる銀行の積極的な営業攻勢が背景にあった。

当時銀行は金融庁から中小企業向けの貸付額をどんどん増やせと尻を叩かれ、毎月末の貸付残高まで国に報告させせられていた。ビジネスローンは、低リスクの優良顧客をスピーディーに発掘する画期的なシステムとして期待された。

しかし、やがて驚くべき事態が姿を現す。一部の銀行で、ビジネスローンの貸付残高のうち大きな部分が不良債権化してしまったことが明るみに出たのだ。つまりコンピュータが「安全」と判断した融資案件が大量に貸し倒れになった。これは、審査をパスした会社のうち多くが決算書の数字にゲタを履かせて銀行に出していたことを意味する。実態を見ずに数字だけで判定するスコアリング方式も、粉飾決算の前ではまったくお手上げだったわけだ。

不良債権化した融資先の中には、初めから確信犯的にビジネスローンを食い物にするため嘘の決算書を出していた悪質な手合いも含まれていた。そこまではいかず、返すつもりで粉飾決算をしてお金を借りたけれど、結局力尽きてしまったという会社も多かった。逆に、貸し倒れにならなかった融資先の中にも、粉飾決算で審査をパスしてお金を借り、なんとかまだ生き延びている会社、事業の建て直しに成功した会社が含まれている。

お金を借りたいけど借りられない中小企業の側からみれば、ビジネスローンは垂涎《すいぜん》の的だった。決算書の数字さえきれいに化粧して出せば、融資担当者との折衝も人為的な審査も不要で、簡単に融資金を出してもらえるのだ。ビジネスローンに誘発されて粉飾決算に手を染めた経営者は後を絶たなかった。そして、金融庁は五年後の平成二十年度、ついにスコアリング方式を推奨項目から外した。

佐藤真言が直面したのはこんな時代だった。

お化粧を落とすとき

ここでしばらく、佐藤が担当したいくつかの粉飾企業の末路についてケーススタディ的に振り返ってみたい。

佐藤は平成二十三年に逮捕されるまでの約十年間に、さまざまな中小企業の経営者が粉飾決算をしてきたことをついに銀行に告白して頭を下げる場面に立ち会っている。その結果、倒産してしまった会社もあれば、リスケを認められて銀行返済の蛇口を一時的に止め、見事に再生を果たしたケース、再生とまではいかずとも事業継続で泳ぎきったケースなど、その末路はさまざまだ。

いずれにせよ、粉飾決算を半永久的に続けていくことは至難の業だ。粉飾を重ねて借入金を膨らませてから降参するよりは、早めに白旗を揚げておいた方が、傷ははるかに小さくてすむ。逆に、利益が出る体質に生まれ変わる余地があるのであれば、まずはその努力をし、立ち直りの道筋をつけておいてから銀行にわけを話して助けを請うべきだろう。

銀行はむろん、粉飾決算を告白されて「よく白状してくれました」と褒めてくれたりはしないが、かといって、ただ突き放して倒産させ、融資金を全額不良債権にしてしまっては損なので、なんとか助けられるかどうかを考える。銀行としても、延命のみのためのリスケなら受け入れられないが、かすかでも出口の見えるリスケなら前向きに検討する方が得策なのだ。

その出口を見出すのが佐藤のような人間の役目だ。要は、いつ、どの時点で「そろそろ化粧を落としなさい」と引導を渡すべきなのか、そのタイミングが重要で、判断のしどころだ。経営者は背中を押してくれる人がいないと、なかなかリスケに踏み切れないことが多い。

佐藤個人の場合は、助けを請うてきた中小企業をまずなんとか助けたいという考えが第一義として常にあった。

本人の独白によると、特に銀行を飛び出して中小企業を救う鞍馬天狗参上と鼻息荒かった平成十四年からの数年間は、「とにかく助けたい」が先行し、ときには粉飾決算を許したことが仇になり、結果として苦い思いを味わう経験もした。銀行は平気で嘘をつくということをよく知り尽くしているため、粉飾決算を企業防衛のためのツールと割り切っていた面、なきにしもあらず、だったようだ。後半の数年間は、もっと冷静に粉飾の出口を見出すために知恵を絞るようになっていた。さまざまな経営者を見てきた結果、誰もが善人ではないと知ることになったことも大きいようだ。

「世の中のほとんどの社長たちは、ただ目の前の現実と闘うために粉飾をする。来年は何とかなるんじゃないかと思って。そして気がつけば、嘘に嘘を重ねてしまっている。私は、助かる道のある会社であれば、迷わず助けようとした。ところが中には、勘違いする社長もいる。調達さえできればいい、一億調達できたからもう安心だ、と手綱を緩めてしまう人もいる。そして翌年も赤字。何してるんですか、と私に怒られて、来年は頑張る、と口では言うものの……」

【事例二】広告業　粉飾歴八年……倒産

その新興企業の社長は、事業の将来性に手ごたえを感じていた。規模を拡大すれば利益は付いてくると考えたが、前期の決算が赤字だったため、銀行に何度出向いても行員は取り合ってくれなかった。「未来についての話はわかりますよ。でも前期は赤じゃないですか。将来が開けているのであれば、数字を黒にしてから来てくださいよ」

これでは会社は足踏みを続け、赤字覚悟でカツカツの事業展開をしていかざるを得ない。

こうして迎えた平成十三年秋の決算もやはり赤字だった。社長は決算書の売上高の数字をかさ上げして、ぎりぎりの黒字に変えて銀行に持っていった。

しかし、行員はやはり首を縦に振らなかった。最低限の水増しをしただけだったため、赤字は消えたものの累積損失が残っており、「これじゃお金は貸せません」と退けられたのだ。

翌十四年春、社長は駆け出しのコンサルタントだった佐藤と契約した。佐藤にとっては初めて直面する顧客の粉飾決算だった。

「市場が口を開けて待っているのに、資金がなければ打って出られない。このままでは宝の山を前に船が沈没するようなものだ。なんとか力を貸してほしい」社長は有望な取引先として一流企業の名をいくつかあげて、先行投資さえできれば相手はすぐに食いついてくるはずだと訴えた。

佐藤はこう考えた——この会社には「伸びしろ」がある。銀行から引き出すお金が事業資金になり、利益がいずれ粉飾分を消していく。今ここで会社が倒産したら銀行にとって融資金は全額貸し倒れになるだけだが、長い目で見て帳尻が合えば銀行にとっても喜ばしい結果だ。それでこの社長と二百人の従業員が救われるのなら……。

社長は十四年秋の決算書作成の際、会計事務所にお願いし、もう一段の売上高の水増しで累損を消した。そして、当時各銀行からセールスが来ていたビジネスローンを最大限利用して大きな資金を調達した。

「銀行なんてのは貸さなくなったら冷たいものだ。借りられるうちに精一杯借りてストックしておきたい」と社長は言った。佐藤はそれも一つの考え方だなと思った。

しかし、社長の規模拡大戦略は結果的に、読みが甘かった。社長が借りた金を実際に事業の先行投資に充てたのは間違いなかったが、売上は大きく伸びてくれなかった。市場は彼が思うほど彼の提供するサービスを求めていなかったのだ。

佐藤は翌期から、厳しい態度で臨むことにした。

「社長、売上規模に見合うところまで事業をスリムにするしかありません」

社長は人員削減など一定の努力はした。「聖域なき改革をします」と決意文をファクスで送ってきたこともあった。しかし、佐藤の目にそれは焼け石に水程度の改革でしかなかった。利益は生まれず、銀行への返済に追われて汲々とする状態が続いた。粉飾は繰り返された。

佐藤とこの社長との付き合いは、約五年で契約打ち切りにより終わった。会社はその翌年、倒産した。倒産はしたが、事業は別の会社に引き継がれており、計画倒産的な巧妙な会社の畳み方だった。もちろん佐藤に詳細を知るすべはなかった。

佐藤の独白。

「少なくとも、社長が数年前から詐欺破産まがいのことを考えていたとは思えない。借りたお金で私腹を肥やそうとするような人でなかったのは確かだが、お金は借りてしまえばこっちのもの、という考え方が当時から見え隠れしていた。それでも私は粉飾を容認して、その上で資金調達のお手伝いをした。今になって考えれば、どこかでストップできたはずなのに、ということになる。十六年か十七年あたりで軌道修正させるべきだったのだろう」

【事例二】建設業　粉飾歴約二十年……再生

その社長は、財務全般をベテランの財務部長に任せきりにしていた。建設業は免許制で、大きな資本の欠損があると免許を更新しにくくなることもあり、かなりの額の粉飾決算を続けていた。

「弊社のことでお力を借りたいことがあります」佐藤が講師を務めたセミナー会場で社長に声をかけられたのが付き合いの始まりだった。工事受注が冷え込んだのにリストラは思うように進まず、これまで銀行からの借り入れでしのいできたが、ある日、銀行から折り返し融資を断られてしまい、あと一、二ヵ月で従業員の給料も払えない状態になりそうなのだという。

財務部長は当初、佐藤に内情を見せるのを渋ったが、社長の指示でようやく開示されて、火の車の台所事情がわかった。銀行への毎月の返済額が一千万円あり、現預金は三千万円まで減っていた。大きな入金予定はないので、あと三ヵ月で財布は空になる。事態は切迫していた。

「資金調達が見込めない以上、銀行返済を止めるしかないと思います」

「しかし、そんなことをしたら預金を差し押さえられて、商売の発注先にも督促がいくんじゃないだろうか」

会社設立以来、銀行との約束は一度も破ったことがないという律儀な社長だけに、リスケへの抵抗は強かった。だが、そのために本業が続かなくなるのでは本末転倒だ。

「ところで売上高はどの程度見込めますか。昨年度は二億円ということですが……」

「実は昨年度の本当の売上高は一億五千万円ほどでした。赤字を計上したら役所から発注が止まると聞いているので、五千万円ほど上乗せして計上したんです」

「社長、ここは腹を括って化粧は全部落としていただくしかありません。でも、その前にどれだけ準備できるかが重要です」

社長と佐藤はパソコンに資金繰り表を映しながら何通りかのシミュレーションを行い、最低でも達成できる年間売上高を一億三千万円に設定した。問題意識を持っていた若手社員が一人見つかり、佐藤とこの社員の二人で財務の洗い直しをした結果、赤字垂れ流しの体質が浮かび上がった。終電車で帰宅する日が二週間ほど続き、十ヵ条の再建プランが出来上がった。
①銀行返済の繰り延べ、②都内の一等地にある本社の移転と縮小、③社長の給与を九割カットして交際費をゼロベースにする、④社員とパート計八人の人員削減――などだ。
「おれを殺す気か」と社長は激怒したが、佐藤らも退かなかった。「これを実行すれば会社は少なくとも三ヵ月後も生きています。これができなければ三ヵ月後は倒産です」

社長は、できるものなら粉飾決算を続けたいと主張し、深夜まで激論が続いた。

翌日、社長はついに言った。「わかった。覚悟しよう」

銀行に対しては、半年間は元金返済を据え置き、プロパー融資分は約七年で完済するペースの分割返済にしてもらうという条件で交渉することになった。これらのプランをすべてパソコンの経営改善計画書に落とし込み、社長と二人で銀行へ説明に出向くことになった。社長はこの期に及んで、銀行への担保に入れている自宅を取られてしまうのではないかと怖気づいたが、佐藤は励ますしかなかった。「リスケをする上で最も大切なのは、社長の事業再生にかける熱意です。僕も一緒に謝りますから」

社長は支店長らに粉飾をすべて告白し、深々と頭を下げた。もちろん銀行側は露骨に不快感を示したが、業界の大物である社長が自ら謝罪して再生にかける熱意を語ったこと、細部にわたるリストラ案を明示したことには理解を示してくれた。最終的には分割返済案を了承してもらうことができた。

「ありがとう。本当にこんなことができるんですね」支店を出たところで社長に手を握られた。

幸いにも、赤字だと役所からの発注がなくなるという社長の懸念は杞憂《きゆう》に終わり、次年度は売上高一億三千五百万円を達成。文字通りのV字回復を果たして会社は存続している。

佐藤の独白。

「経営者にとって、リスケのお願いに出向くときの恐怖心はやはり大きい。一度すべてを見せてしまったら、後戻りはもうできなくなると思うと怖気づく。この会社の場合は当面の資金繰り計画を組んでみて、どうしても無理があるところまできていたから、逆に踏み切れた。運よく売上が維持できたことと、コスト面に削れる部分が多々あったことが幸いした。結局のところ、立ち直れるかどうかは経営者の熱意次第だ」

【事例三】資材卸売業　粉飾歴三十年以上……倒産

その社長は、先代の社長が残したツケを恨んでいた。バブルの時代、先代は銀行から土地を買え、ゴルフ会員権を買えと持ちかけられて、その都度大きな融資を受けてしまっていた。中でも最大のツケが本社の土地だった。

二十年ほど前は東京都内の好立地に本社があった。その土地を売ることになったとき、銀行から、買い換え資産の特例措置があるので、まとまった土地を買った方が税金を節約できると教えられたらしい。銀行はご丁寧に買い換え用の物件まで探してきてくれた。それが現在、本社がある場所だ。千葉県西部の不便な場所で、土地の形もあまりよくない。先代はこの土地を買うために、銀行から十数億円を借り入れた。土地を担保にした融資で、行員のノルマ達成に大きく貢献したわけだ。ところが、その土地の資産価値は今や一億円にも満たない。

いったい何で先代はこんな土地を買ってくれたのやら……

この会社と佐藤が出合って五年目、社長はやっと重い腰を上げた。

なにしろ、会社は根本的に利益が出ない体質になっていた。売上高は毎年きちんと出ていた。しかし、それを上回る出費がのしかかっていた。銀行への支払い利息が年々膨らんで、年間四千万円にまで達してしまったのだ。バブル時代の大きな借金と、長年続けてきた粉飾決算と、二つのツケが雪だるま式で利息を膨大なものにしてしまっていた。

佐藤は前向きな再建プランを立て、社長に付き添ってリスケの申し入れに銀行へ出向いた。

だが、さすがに三十年間の騙し討ちは銀行の感情を著しく害した。

リスケの返済プランは、まず支店の担当者が稟議書にまとめて上にあげ、支店長や本店の決裁を受けて決定される。今回はその稟議がなかなか上がらないまま膠着《こうちゃく》状態が続いた。支店がようやくリスケに応じようと腹を決めると、今度は本店がだめだと言い出す。銀行は粉飾決算をした経緯をすべて明らかにしろと迫ったが、先代の社長はすでに鬼籍に入っており、明かしようがない。

そのまま一年半が経過した。こうなるともう限界だった。リスケの条件が決まらずにいる間、銀行への返済は延滞が続くことになる。利息がどんどん溜まっていき、いざリスケが決まったとしても利息だけで五千万円もの資金が必要になるのだ。会社は結局、リスケの条件が決まらないまま倒産した。

佐藤の独白。

「銀行に頭を下げてもリスケが許されなかったケースは、この一件だけだった。何が悪かったかというと、やはり支払利息が大きすぎた。社長が決断できないままズルズルと粉飾を続けてしまったからだった。銀行としても、会社を生かして少しずつでも回収する道がなかったわけではない。利息さえ負けてくれれば利益は出る会社だったのだが、それは許されなかった」

【事例四】内装工事業　粉飾歴五年……事業継続

その社長は、月末がなにより恐かった。なにしろ銀行への毎月の返済額が一千万円もあるのだ。会社は年商約五億なのに、返済額が年間一億二千万にのぼった。月末が近づくたび、今度こそ返済が詰まるのではないかと怯《おび》えることの繰り返しだった。

なぜこれほど返済負担が重くなったかといえば、売上の増加を見込んでビジネスローンを利用し、借りられるだけ借りまくってしまったことが大きい。

売上高は安定していた。しかし、赤字が続いて次のステップを踏めないというときにビジネスローンが登場したので、これに飛びついた。つまり粉飾決算に手を染めたわけだ。

佐藤と出合った時点で、この会社はすでに三期続けて粉飾決算をしていた。

佐藤としては、まず社長にコスト削減の努力をしてもらうのが先決だと考えた。だが、それにしても悩ましいのは、現預金がほとんど底をついていることだった。手持ちの資金がないと、リスケをしても運転資金はすぐ枯渇してしまう。

売上は一定のペースを保っているのだから、ここは引き続き資金調達を続けて現金をプールし、それからリスケに臨むべきかどうかの判断をしよう。銀行に対しては騙し討ちみたいなことになるかもしれないが、それで会社が復活するのなら銀行も元が取れるわけだ。

こうして佐藤はさらに二年間、粉飾決算を容認した。その間に社長はコスト削減の苦闘を続けた。外注費を削り、人件費も削減し、事務所は狭いところに移転した。できることは一通りやって迎えた三期目。これで会社は持ち直すかと二人は一縷《いちる》の期待を抱いていたが、やはりそう簡単にはいかなかった。コスト削減で利益が出る体質にはなったが、重い返済負担に耐えられるほどではなかった。

「売上がこれ以上増えることを期待しても始まらないし、コスト削減もやり尽くした。こうなったら返済を止めるしかありません。社長、そろそろ溜まったものを全部落としましょうよ」

リスケをしろと勧められて抵抗しない社長は滅多にいないが、この社長はしばらく佐藤の説明を聞いてから言った。「そうだな。おれも月末がくるたびにドキドキするのはもう嫌だよ」

リスケの交渉は最初のうち、かなりもめた。実質ベースの数字で作成した資金繰り計画を見せられた行員は息巻いた。「これは……粉飾していたということでしょ！　騙していたんでしょ！」

しかし、返済ペースを落とすことさえできれば会社は利益を出せる体質に生まれ変わっており、それは銀行も認めるところだったので、リスケ交渉は無事成立。会社は事業を継続して返済を続けている。

佐藤の独白。

「粉飾決算そのものよりも、銀行に借りたお金を返せなくなることの方が本質的な悪だと私は考えていた。返していけるのであれば、リストラをしながら利益を捻出《ねんしゅつ》し、資金調達を続けながら徐々に借入額を減らしていければいい。そうすれば、いずれは粉飾の出口にたどり着ける。借入を減らすのは利益であり、利益を生むのは結局のところ、経営者がどれだけ体質改善の努力をするかだ」

【事例五】食料品卸売業　粉飾歴十五年……事業継続

その社長は、電話の向こうから八方塞がりの窮状を訴えてきた。切々と、悲壮さがにじみ出る声だった。電話によるスポット的な相談から話は始まった。相手は東京から遠く離れた地方都市の会社だ。

「資金繰りがもう限界にきてしまいました。事業自体はまあ順調に回っていますが、銀行への毎月の返済額が三千万円ほどになっており、ここまできたら返済をしばらく止めてもらうしかないと腹を決めたんです。ところが……」

社長はまず返済負担が最も大きい地方銀行にリスケをお願いした。ところが、担当の行員は、そんなことはできない、返済はちゃんとしてもらわなければだめだ、と頑強に言い張って受け入れてくれないのだという。

佐藤の逮捕前年のことだ。中小企業金融円滑化法が施行され、金融機関は返済の一定期間猶予などの条件変更に積極的に応じなさいと法律で求められるようになった矢先だ。まだこんなことがあるのか、と佐藤は信じられない思いで、社長の求めに応じ、急遽《きゅうきょ》、空路で現地に飛んだ。

社長は年配の実直そうな人物だった。佐藤が決算書に目を通してみると、ご多分に漏れずここも粉飾決算だった。社長によると、十五年ほど前に大きな赤字を出してしまい、会計事務所のアドバイスを受けて決算書を修正したのが最初だったそうだ。毎年赤字続きだったわけではなく、翌年以降は黒字に戻って過去の粉飾の修正分を少しずつ消していったが、数年後にまた赤字が出て逆戻りする、という感じで今日に至っていた。

社長が話していた通り、事業は悪くない状態だった。取引先の中には有名企業もあり、毎年の売上高もほぼ安定していた。返済負担さえ軽減できれば復活のチャンスをつかめる会社だと思えた。

長く滞在できないので、さっそく支店との話し合いをすることになった。電話をすると支店の担当者が出向いてきた。

「だから言ったじゃないですか。返済を止めるなんてことはできないんですよ」

話に聞いた通り、担当者は断固突っぱね通すつもりのようだった。

「しかし、今は金融円滑化法というものもできたので、猶予していただかないと。別に安易に言っているわけじゃありません。借りたお金は返さなければいけないことはわかっています。コンサルタントとして私が入りましたから、再生のための計画書をこれからきちんと作ります。責任を持ってやりますから、何とか止めてください」

「話にならない」担当者はそう言い捨てて帰ってしまった。

佐藤は支店長に直訴することにした。電話をすると、その日のうちに支店長が出向いてきた。

「わかりました。あなたが付いてくださるのであれば信用しましょう」さすがに支店長は法律を理解しており、再建計画を立てた上で返済猶予の条件を詰めていくことになった。

これで難関は一つ乗り越えたが、まだ粉飾決算の問題が残っていた。ちょうど翌月が会社の決算期で、三ヵ月ほど先には決算書を銀行に出さなければならない。

「今が膿《うみ》をすべて出す最後の機会だと思いますよ。一緒に銀行に謝りましょう」

社長もついに観念し、実質ベースの決算書と再生に向けた資金繰り表、事業計画書などを作った。これを鞄《かばん》に入れて、取引銀行の支店を二人で回った。

銀行はどこも怒り心頭だった。佐藤はもう慣れっこになっていたが、メガバンクの副支店長には「騙してたんじゃないか!」と怒声を浴びせられたほどだ。件《くだん》の地銀支店の反応が比較的冷静だったのは、ある程度粉飾を察していたからなのかもしれない。とはいえ、地銀にとっては、リスケを飲まされてから三ヵ月後に粉飾を明かされたのだから、後出しジャンケンで負けたような気分だったことだろう。

こういう場面に第三者のコンサルタントが付き添うと、怒りの言葉も一通り出尽くした頃合いを見て再生計画の説明を始めることで、場の空気を前向きに動かすことができる。

返済は六ヵ月だけ据え置きにして、七ヵ月後からは月二十万円の返済額にしてもらうことで話は決まった。会社が真の正常化を果たすまでにはまだ長い道のりが続くことになるが、とりあえず命脈はつながった。

佐藤の独白。

「銀行員が嘘をつかなくなれば、私の仕事の半分はなくなる。銀行員は自分の成績に傷が付くからリスケの要求を押し戻そうとするのだが、特に年配の人や責任感の強い人ほど、銀行員の言うことをすべて信じてしまう。年配の人にとって銀行は堅いものの代名詞だから、返せと言われたら親戚から借りてでも返さなければいけないと考えてしまう。しかし、現実には、今の銀行に中小企業を公平にジャッジする余裕などない。行員はノルマと出世のために目の前の仕事をやっつけようと考えるだけだ」

シャッターをこじ開けましょう

色とりどりの高級そうな洋服が、部屋の壁四面をびっしり埋め尽くすように吊るされていた。天井までシックな色合いに塗装されたその部屋は、一歩足を踏み入れたとき、間違えて高級ブランド店の奥に迷い込んでしまったかと錯覚するような空間だった。

平成二十一年一月九日、佐藤真言はこの部屋で朝倉亭が現れるのを待っていた。

知人から佐藤らの評判を聞いたという朝倉から年明け早々に相談依頼の電話が入り、さっそく会社を訪れて最初の打ち合わせとなったのだ。

——それにしても、この会社の内装は随分と……。

佐藤はコーヒーに口をつけてからもう一度室内を見回し、随分とお金をかけているなと考えていた。場所はアパレル業界のメッカ、渋谷区南平台の一等地だ。ビルのワンフロアを借りて造作にもだいぶ手を入れている。家賃はいったいいくらだろう。

——少なくともこの会社は、まだ削れるコストがありそうだな。

佐藤が最初に考えたのはそこだった。

五分ほどして現れた朝倉は、予想に反して業界人っぽい派手さのない、坊主頭のどこか苦行僧を連想させる面立ちで、ゆっくりと朴訥《ぼくとつ》な話し方をする男だった。年は佐藤より九つ上の四十五歳。設立十年で三つのブランドを擁する衣料品メーカーに会社を育てたが、ここ数年は苦しい資金繰りが続いているらしく、面やつれしたのか落ち窪んだ頬が目をひいた。

佐藤は会社の決算資料に目を通しながら朝倉の説明を聞いた。

三年前に思い切って本社事務所を南平台に移転し、三番目のブランドを立ち上げたが、翌十九年夏に予定していた融資を銀行から断られたのが引き金で資金ショートに陥り、ついに取引金融機関にリスケジュールを要請したという。それ以来、銀行からの新規融資が激減したらしく、銀行取引額は前の決算期より約六千万円も減っていた。

「借入額がだいぶ細りましたね。ご苦労されたでしょう」

「ええ、とにかく借りられないんですよ。銀行はリスケをして以来、話も聞いてくれない状態ですから、もうどうしようもありません」朝倉は沈痛な面持ちで答えた。

朝倉によると、十九年夏以来、新たに借り入れできたのは、リスケの申し立てとほぼ同時期に決まった五百万円だけだったという。その後は、ひたすら仕入先への支払いを待ってもらいながら運転資金と銀行への返済資金を捻出する状態が続いていた。一人で経理も財務も切り盛りするという朝倉はその心労で、夜も眠れない状態が続いているという。

早計な事業拡大によって収支が悪化した矢先に銀行から貸し剝がしをくらい、そのダメージからずっと抜け出せない状態に陥っていることは明らかだった。これはもはや背水の陣といっていい状態だと思えたので、佐藤は聞きたかったことを口にしてみた。

「社長、事務所移転についてお考えになる余地はありませんか」

高額な家賃負担をなくすことが先決ではないかとやんわり打診したのだ。

「……それはとても考えられません。これだけ造作を変えてしまったので、原状回復に大きな資金が必要になりますから」

打ち合わせに使っているこのきらびやかな部屋は、アパレル業界で「プレスルーム」と呼ばれるもので、業界誌の記者などを集めて新作を披露するなど情報発信に欠かせないスペースなのだと朝倉は説いた。ブランドメーカーはどこもこうした部屋を備えており、〈エス・オーインク〉が新進メーカーとしての地位を保つためには切り捨てられない舞台装置なのだという。

佐藤は決算書に目を落とした。この会社が決算書を粉飾していることは、朝倉から聞くまでもなく、数字に目を通すだけで察しがついた。

マイナスを消すために架空の売上金を計上したり、仕入れや外注費の一部を計上から除外したりといった化粧を施しているようだが、数字上は利益が出ているはずなのに買掛金が膨らんでいる——つまり仕入先への支払い延滞が増えている——ところなど、プロの目には不自然さが一目瞭然だった。

佐藤はこうした決算書を嫌になるほど見てきたので、もう驚かなくなっていた。

「……社長、よくここまで頑張ってこられましたね」

数字を目で追いながら、佐藤は痛々しい会社の姿を見る思いで言葉をかけた。

＊

最初の粉飾決算をしたとき、朝倉はさほど迷わず決断したという。

十九年十二月の初旬頃だったか、決算書作りを任せていた会計事務所の担当者から「債務超過にな

ります よ」と知らされたときのことだ。

銀行に頭を下げて回ってやっとリスケを決めた矢先のことで、銀行の担当者に言われた「次の決算が大事ですよ」の言葉がまだ耳に残っていた。リスケの返済プランは少なくとも会社が回復基調であることが前提になっており、今ここで債務超過に転落となれば、銀行との付き合いはご破算になってしまうのではないか……。ここで資金が止まる事態は考えるのも恐ろしかった。

「それは困ります。なんとか数字を調整できないでしょうか」

朝倉は会計事務所の担当者に頼み込み、数字に手を加えてもらった。この期の実際の売上高は八億八千二百万円ほどだったが、これに二千四百万円のゲタを履かせ、逆に仕入高の数字は二千万円減らしてもらった。これで実際は約四千万円の債務超過だったのが百九十万円の資産超過になった。

この時点で会社は社員と契約スタッフの総勢約四十人を雇用し、代官山の直営店舗のほかに秋田県横手市に縫製の自社工場を持ち、仕入先が約百社、販売先が大小合わせて百五十社ほどにまで大きくなっていた。もはや自分一人が腹を括れば済む段階ではなくなっている。ここでいきなり会社が飛べば、多くの人に迷惑がかかる。それに、マイナスからの脱出口はもうあとひと頑張りで見えてくるはずだ――朝倉はこのときそう確信していた。

今年はあいにく第三のブランドの出遅れのせいでつまずいたが、それでも売上自体は九億に迫り、前年を上回っていた。来年は新ブランドも軌道に乗るはずだ。そうなれば、経費に見合うところまで売上を向上できる、来期はV字回復できる――そういう読みだった。

ところが、その読みは日本経済を襲った深刻な消費不況によって打ち砕かれる。

平成十九（二〇〇七）年八月　米国でサブプライムローン問題表面化
平成二十（二〇〇八）年九月　米リーマン・ブラザーズ証券が経営破綻

サブプライムローン問題に端を発した金融危機は世界的連鎖を起こし、冷え込みかけていた国内の景気に追い打ちをかけた。二十年にはトヨタをはじめ日本の名だたる大企業が赤字を計上。派遣社員をクビにする「派遣切り」という言葉が取りざたされるようになる。二十一年一月にはトヨタが国内の二十一工場すべてで十一日間の操業休止を発表。二十一年三月までの三ヵ月に国内で失われた非正規労働者は十九万人に達した。

内閣府の景気動向指数研究会の発表によると、この不況の始まりである「景気循環の山」は十九年十月だったとみなされている。つまり、朝倉が初めての粉飾決算を決断したちょうどその頃、国内景気はピークを過ぎた直後だったのだ。この時期を境に、企業倒産件数は増加の一途をたどっていく。朝倉にそれを予見しろというのは無理な話だった。日本の名だたる大企業ですら同じだったのだから。

衣食住のうち、家計がきつくなったときに最初に切りつめるのは衣料品にかけるお金だろう。しかも、〈エス・オーインク〉の売りものは安手の大量生産品ではなく、その対極にあるというべき、食費や生活費を切りつめてやっと一着買えるような「おしゃれ着」だった。〈エス・オーインク〉の商売の盛衰は、不思議と自動車産業の動向とリンクしたという。一番の稼ぎ頭だった最初のオリジナルブランドのターゲットが二十代の男性で、給料を貯めてクルマやファッションにお金をかけるタイプの若者がよく来店したことから、朝倉は自動車産業で働く人にファンが多かったのではないかと考えている。平成二十一年には、それらの人たちが残業代カットや派遣切りによる解雇の憂き目に遭い、売り場から遠ざかったという話が店からのレスポンスとして朝倉の耳に入っていた。

消費不況到来のタイミングは、朝倉にとってあまりに残酷だった。一期だけで粉飾を脱するはずが、読みは完全に外れ、実質黒字転換を期した二十年十月期は想定を超えた販売不振にあえぐことになった。売上高が創業以来初の下降に転じ、二期連続の債務超過となった。こうして朝倉は二期連続で粉飾決算に手を染めていた。

*

朝倉は佐藤に粉飾決算をした事情を語った。佐藤としては、だからといってすぐに化粧を落とさせ、銀行に再度のリスケを要請するという選択肢については、少なくとも今は捨てるしかないと考えていた。

最新の決算書は先月できたばかりだが、すでに銀行に提出してしまっており、今になって「実は債務超過でした」と明かすのはあまりにも間が悪すぎるということもある。

しかし、それより問題なのは、〈エス・オーインク〉には季節的に資金需要が高まる時期が年に二回やってくるという業界特有の事情だった。春夏物の仕込みをする二月と秋冬物を仕込む六月がそれだ。債務超過をテーブルに出して二度目のリスケに踏み切れば、当分の間は新たな資金調達がストップされ、この時期の資金の手当ては絶望的になる。かといって、仕込みをやめれば売上を増やすすべがなくなり、会社再生の希望は潰える。悪くすれば、二、三ヵ月で経営破綻という展開さえ十分に考えられる。

そうなりかねないことは、これまでの一年半ですでに証明されていた。

十九年夏にリスケをして以降、〈エス・オーインク〉は仕入先への支払い滞納が目立つようになっていた。新規の資金調達が細れば、会社はどこかの蛇口を締めて出る金を止めないと生きていけない。〈エス・オーインク〉の場合は仕入先に泣いてもらう形でそれが現れている。本来はリスケによって銀行への返済が止まるので、その分が仕入先に回るはずだが、朝倉がメーンバンクの三井住友銀行から取り付けたリスケの条件は、返済ペースを落とすだけの中途半端な条件だったので、銀行返済の蛇口は半開きのままだった。その状態でギリギリなんとか仕込みを止めずにしのいできたのがこの一年半だったわけだ。

しかし――と、佐藤は数字を目で追った。

目の前で苦悩しているこの社長がこれまで、真面目に前向きに会社を再生させようと必死で取り組んできたことは、財務資料の数字が何より雄弁に語っていた。

リスケをした後もこの会社は、銀行への月々の返済を一度も欠かさず続けており、仕入先への支払いが大きく遅れたときは、社長が自らの懐や親戚から借りたお金でこれに充てていた。社長への仮払金や高額報酬もなく、怪しげな支出、使途不明金なども皆無だ。会社がこうした状態になったとき、経営者の人間性は二つのタイプになって現れることを佐藤は知っていた。一つは銀行から借りられるだけ借りて会社を畳み、詐欺破産的なことを目論《もくろ》むタイプ。もう一つは懸命に事業を再建しようと踏ん張り続けるタイプ。朝倉が後者であることは明白だった。

ただし、朝倉が会社は建て直せると信じるのは自由だが、客観的にみて見通しが暗いのであれば、早めに引導を渡してあげた方が親切というものだ。傷口が小さいうちに粉飾をやめさせた方が、後で降りかかるものが小さくなるのだから。

その点で、この会社の商品は消費不況の冷え込みの中でも底堅い人気を保っているのが強みだった。要は、売上が落ちたのなら、その身の丈に合うところまでコストを切りつめられるかどうかの勝負だ。本社と直営店舗の月々の家賃計三百四十万円に象徴されるように、削れる部分は洗い出せばまだ出てくるだろう。朝倉は本社事務所の移転に二の足を踏んでいるが、資金繰りに余裕がでてきたタイミングで腹を決めてもらえるのではないか。

このように改善すべき部分が多々あるということは「削りしろ」がそれだけあるということで、会社を再生できる可能性が高まるわけだ。

あとは、いびつに歪んだ資金繰りさえ改善できれば、この会社はまたうまく回り始める。粉飾決算をどうするかについて考えるのは、少なくとも次の決算書をまとめる時期がきてからの話だ。それまでの約十一ヵ月は、できることをやりきるのみ。——今はそれしかない。

以上が佐藤の「初診所見」だった。


この日佐藤が朝倉に提案したのは、資金繰り改善の第一歩として、取引銀行の構成をこちらのペースで組み立て直すことだった。

「いいですか、朝倉さん、この状態は一言でいって銀行にいいようにやられているようなものなんですよ」〈エス・オーインク〉の銀行取引推移表を示しながら佐藤は言った。

どこの銀行からどういう融資を、金利いくら、月々の返済額いくらで借りているかを示すこの表は、佐藤のような銀行出身のコンサルタントにとって、医者のレントゲン写真のようなものだ。しばらく目を凝らせば、どこに経営の足枷《あしかせ》となる病巣があるかが見えてくる。

つまりそれだけ世の中には、銀行から言われるままにお金を借りてきた結果、銀行取引の構成が歪んでしまった中小企業が多いということだ。

佐藤が見てきた中小企業の中には、極端な例だと、保証協会の保証付き融資ばかり十本も借りてしまい、月々の返済額が膨らんだ結果、ついにリスケに追い込まれてしまったという会社もあった。銀行は保証付き融資なら腹を痛めずに済むので、空いている保証枠があれば「借りてください」と営業攻勢をかけてくるし、経営者は資金が必要なのでその都度これに飛びつくから、こういう状態になるわけだ。この場合、十本を一本にまとめて百二十回払いで返済する形に借り換えをすればリスケにならずに助かるのだが、銀行員はそんなやり方があることを教えてはくれない。ノルマ達成に追われ、小さな融資先に目配りする余裕をなくしているからだ。

〈エス・オーインク〉の場合は銀行借入総額が約二億七千万円あり、このうち保証付き融資は総額約一億円だった。銀行別の内訳でみると、メーンの三井住友からの借入が約八割を占め、プロパーも保証付きもほとんどメーンバンク一本に頼りきっている状態だった。そして、その三井住友からリスケによって「要注意先」のレッテルを貼られてしまったため、身動き不能の状態に陥っているのだ。

佐藤がまず目をつけたのは、保証付きの借入が総額一億円しかない点だった。当時、〈エス・オーインク〉が使える保証枠は最大一億六千万円で、あと六千万円分が空いていた。なのにこれを使えずにいるのは、一年半前にリスケをしたからだ。リスケをしたのはプロパー融資分だけで、保証付きの分は正常返済を続けてきており、六千万円はこの一年半に返済した金額に相当する。返済して枠が空けばその分また新たな保証付き融資を受けられるのだが、レッテルのせいで新規融資を受け付けてもらえずにきたわけだ。

「社長、保証付き融資は現在、三井住友が三本、三菱東京ＵＦＪが二本、興産信金が一本ありますよね。この三つの銀行と信金に、それぞれが持っている保証枠を手放してもらいましょう。それと同時に、保証協会には新たに純増六千万の保証枠を出してもらいます。そうすると、全部で一億六千万の保証枠ができますよね。これをまとめて別の銀行に持ち込むわけです」

一億六千万円の保証枠を手土産としてほかの銀行に持ち込めば、相手の銀行にとってはカモがネギをしょってきたようなものなので、大歓迎で受け入れてくれるはずだ。その際の交渉次第では、保証付き融資とセットでプロパーの融資を出してもらうことも夢ではない。保証枠をエサにしてプロパーを引き出す作戦だ。

「つまり、三井住友以外は保証付き融資だけのお付き合いしかしてくれないわけですから、だったら、こちらが使える保証枠を有効活用できるように一本化して、ほかの銀行をつかまえようというわけです。そうすることによって取引銀行を多角化でき、財務基盤の安定化にもなります」

「――なるほど」朝倉はただ頷くしかなかった。

目の前の男は粉飾決算について告白しても顔色一つ変えず、その目や口調には自信がみなぎっている、と朝倉は感じていた。この人は、うちの会社を救える余地ありと見てくれたんだ、これは何とかできる、と。朝倉はそれが嬉しかった。

「これが第一ステップですが、それだけでは不十分です。第二のステップは、三井住友から貼られてしまった『要注意先』のレッテルを外してもらうことです」

佐藤は説明を続けた。

「リスケによってこのレッテルを貼られたことが、資金繰り悪化を招いた最大の原因ですよね。これを外させることで、閉じられてしまった新規融資のシャッターをこじ開けましょう」

「――でも、そんなことができるんですか」朝倉は啞然《あぜん》とした。

「すんなりとはいかないでしょうが、粘り強く交渉すれば、認めてくれる可能性はあります。いずれにせよやる価値はあると思います」

佐藤は、朝倉が十九年に三井住友と結んだリスケ条件の問題点について説明を始めた。「よろしいですか、このリスケは当時一億六千万ほどあったプロパー融資分の借入残高を、毎月七百五十万ずつ返済していく条件から、毎月二百五十万ずつの条件に変更したものですよね」

「そうですが、それが何か……」

「ということは、十九年夏の時点で銀行は、これから五年余りで元金をすべて回収できる条件に設定したわけです。しかし、通常は五年や十年で返済できない状態になったからリスケをするものなんです――つまり、五年程度で返済できる条件は本来リスケをしたとはいえない厳しい条件だったわけです。なぜなら、そもそも銀行の貸付先に対する格付け査定の基準では、五年ほどで債権を回収できる会社は『正常先』に分類されることになっているんです――」

銀行が格付け査定の虎の巻にしている「金融検査マニュアル」では、債務償還年数が十年以内であることが「正常先」に分類する一つの目安とされている。佐藤はそのことを説明した。

「ということは、五年余りで完済する条件であれば、会社は実質的には正常先のはずだったわけです。それなのになぜ新規融資が止まったかというと、リスケによって条件変更契約書を結んだため、自動的に要注意先に降格されたからなんです。しかし、その後も順調に返済を続けてきたので、債務は現在一億四千万円ほどまで減りましたよね。これを月二百五十万ずつ返す条件で新たな金銭消費貸借契約にしてもらえば、正常先に戻してもらうことができるわけです」

つまり、リスケによって条件変更された融資の残高を、そのまま新たな融資として借り換えにしてもらえば、リスケの烙印《らくいん》を消すことができるというわけだ。

朝倉は目からうろこが落ちる思いだった。

同時に、自分がいかに素人判断で会社を切り盛りしてきたかを思い知らされてもいた。会社には財務や経理の専従社員を置かず、相談できる相手も特になく、朝倉は企業経営のノウハウ本で得た知識などだけですべての判断を下してきた。その結果が今の窮状なのだということを痛感していた。

朝倉と佐藤は翌週から動き出した。

佐藤が決算書の数字を拾いながらパソコンに打ち込み、保証協会などへの申請書類の作成に取りかかった。一月十六日、佐藤が作成した申請書類を鞄に入れて、二人はまず保証協会の支店に出向いた。まだ銀行側が保証枠を切り離してくれたらという仮定の話の段階だが、新たな保証枠を設定することについて協会側の感触は上々だった。

保証枠を持つ三つの金融機関のうち、小口の三菱東京ＵＦＪと興産信金との話し合いは電話だけで済んだ。いずれも保証付き融資だけの付き合いだし、行員の成績に響くほど大きな金額でもないので、どちらの担当者も二つ返事で承諾してくれた。

新たな融資の受け皿になってもらう銀行にも事前に打診しておくことにした。二人はこれまで取引がなかった二行に白羽の矢を立てて話を持ちかけた。いずれも喜んで受け入れると意欲を示し、両行とも「プロパー融資についても検討させてもらいます」と言ってくれた。

難関はメーンバンクの三井住友との話し合いだった。

「それはおかしいですよ。保証付きだけを持っていくというなら、プロパーも持っていってもらわないと」支店の担当者は目を剝《む》いた。銀行にとって保証付き融資はリスクを負わないものだが、プロパー融資はリスクを負うものだ。リスクのない分だけを持っていくというなら、その前にリスクのある分を返済してほしい、せっかくプロパー融資までして面倒を見てやってきたのに、そんなことを言い出すなら、これで縁を切らせてもらう、というわけだ。

「しかし、これは三井住友さんにとってもメリットのある話なんですよ」佐藤が食い下がった。「当社は現在、資金難に直面しています。しかし、三井住友さんは当社に新規融資をすることができない。このまま当社が潰れたら、プロパーを貸している三井住友さんも貸し倒れになるわけですよね。それならば、お持ちの保証枠を手放していただいて、他行からの調達の呼び水に使わせていただきたい。他行からの調達によって資金繰りが補完でき、ひいてはそれが三井住友さんへの返済資金を生むことにもなるわけです」

〈エス・オーインク〉の調達先が広がれば財務基盤が安定するので、三井住友と新たな取引銀行、〈エス・オーインク〉の三方にとっていずれも喜ばしい話ではないか、ということだ。

交渉は繰り返し続けられ、三井住友側がついに承諾したのは、三ヵ月ほど後だった。

これを受けて、朝倉と佐藤はさっそく新たな調達先へのアプローチを開始した。話はとんとん拍子で進み、〈エス・オーインク〉はその夏、みずほ銀行とさわやか信金から純増約五千万円の調達に成功した。

佐藤は、銀行との取引はギブ・アンド・テイクであるべきだと考えている。ギブは保証付き融資枠――これを与えれば銀行はリスクを負わずに貸出額を増やし、担当行員は営業成績を上げられる。テイクはプロパーの融資だ。恩恵を与える以上、見返りの融資を出せということだ。大半の中小企業は保証付き融資だけにすがって生きているが、〈エス・オーインク〉のように売上が五億を超える会社なら対等の立場で銀行と渡り合っていくべきだ。

この年の秋冬物に向けた資金調達がひと段落した頃、佐藤と朝倉は「第二ステップ」の交渉に乗り出した。リスケをした債務を借り換えにすることによって「要注意先」のレッテルを外してもらう件だ。相手は同じ三井住友だが、こちらの件は銀行が容易に飲めない話であることは想定済みなので、初めから長期戦を覚悟していた。

案の定、三井住友の支店幹部は理解を示しつつ、なかなか折れなかった。

「五年以内で完済できるのだから実質は正常先ではないかという理屈はよくわかります。しかし、手続き上はすでに条件変更契約をしているので、要注意先は要注意先なんです」

「ですが、これまで一度も欠かさず返済し続けてきているのですから、そろそろ借り換えにして、新たな貸借契約を結んでいただけないでしょうか」

朝倉と佐藤は何度も支店に足を運び、同じお願いを繰り返した。この交渉が実を結び、朝倉が借り換えによって念願の「正常先」復帰を果たすのは翌二十二年二月のことだ。そして二十二年六月には、久々に三井住友から新規で夏場の短期資金融資が出た。メーンバンクが新規融資を出したことのインパクトは大きく、その後、商工中金、りそな、八千代、東日本とのプロパー取引の呼び水となっていく。

以上のように、佐藤は〈エス・オーインク〉の粉飾決算を容認し、粉飾された決算書であることを知りながら銀行と交渉して、次々と融資を引き出した。

検察流に言えば、これは詐欺の共謀である。しかし、佐藤に罪の意識はなかった。いや、皆無だったとはいえないだろう。だが、これは彼の「野戦病院」に傷ついて運ばれてきた患者を救うために考えられる最善の道だった。そしてこの時期とそれ以降に〈エス・オーインク〉が借り入れた資金はすべて、一円残らず会社の事業資金として使われ、そして一度も滞ることなく金融機関に返済されていった。朝倉、佐藤が逮捕されたその日以降に返済予定だった分を除けばだが。

ところで、〈エス・オーインク〉は二十一年二月に佐藤の会社〈Z社〉とコンサルティング契約を結び、コンサル料金は〈Z社〉が設定している契約コースのうち最高額の月三十万円を選択している。律儀な朝倉はそれから逮捕まで、資金繰りが詰まって仕入先への支払いが滞った時期も〈Z社〉への月三十万円だけは絶やさなかった。

朝倉は後にこう語っている。「僕にとっては月給三十万円の社員を一人雇った感覚だったが、佐藤さんの働きは役員待遇にしても惜しくないものだった」

阿吽の呼吸で

日本の企業数は約四百二十万社（平成二十四年版中小企業白書）。このうち九九・七％を中小企業が占め、雇用の七割弱を中小企業が支えている。そのうち何割ぐらいの会社が粉飾決算をしているのだろう。巷間《こうかん》では八割とも九割とも言われるが、それを実証するデータはもちろん存在しない。ただ、それを推測できるデータが一つある。国税庁が毎年公表している『税務統計から見た法人企業の実態』という統計資料だ。これは確定申告などをしたすべての法人企業を網羅して経営状態を集計しているものだ。粉飾決算をする企業は無用の税金を納めたくないので税務署には赤字をそのまま明かし、銀行向けには黒字の決算書を用意することもあるので、税務統計のデータは「素」の実態に近いといわれるのだ。

平成二十二年版をみると、黒字と申告した「利益計上法人」は二七・二％で、残りの七二・八％は赤字と申告した「欠損法人」だ。現在の金融システムでは赤字の企業は銀行からお金を借りられないはずで、赤字なのにまだ生きている会社の多くは粉飾決算をしていると考えられる。ただし、中には赤字を表に出して銀行にリスケジュールをお願いしている会社もあるだろう。ということは、粉飾企業は七割を下回るのかというと、そうとも言い切れない。なぜかというと、銀行が融資審査の際、納税証明書などの提出を求めることが多くなっており、粉飾をする会社は税務署に対しても黒字と偽るしかなくなるからだ。粉飾企業の中には、融資を受けるために払う必要のない税金を払ってでも黒字に見せかけている会社の方が実は多いのだという。

ベテランの金融ジャーナリストに意見を求めたところ、「粉飾八割説、九割説は決して誇張ではない」という。

「ここ数年の量的緩和で市場にはカネが溢れている。でも、そのカネは大手企業の内部留保や銀行に滞っているだけで中小企業には回っていない。そんな中で利益がじわじわ減って、七割は利益を出せないまま汲々としている。それが現在の中小企業の姿なんだ。そして、ひとたび赤字に陥れば銀行は貸し渋り、貸し剝がし、というわけだ。銀行は金融庁のマニュアルに逆らえず、それどころか、赤字企業に対する姿勢は年々輪をかけて厳しくなっている。それで生き残るための最後の手段が粉飾決算になっている」

中小企業は上場企業と違い、取締役会や監査などの抑止力が小さいため、追い込まれたとき粉飾決算に手を染めるハードルが低い。元々中小企業の世界では、景気のよかった時代は税金逃れのために黒字を圧縮する〝逆粉飾〟がかなり横行していたそうだ。今は赤を黒にする方の粉飾の時代というわけだ。

「この〈エス・オーインク〉と同じ悩みや苦しみを、ほとんどの中小企業経営者が抱えているわけだ。国や政治家たちも多くの中小企業が粉飾決算を余儀なくされているという状況はひしひしと感じている。だからこそ、国や地方自治体はそれぞれ、保証制度をはじめとしたさまざまな支援策を打ち出している」

日本経済の土台を支える中小企業の粉飾決算はもはや構造的問題として考えるべきなのだろう。「粉飾がどれぐらい横行しているのかを知りたければ、データを探すよりも税理士や会計士、銀行員に感触を聞いた方がリアルにつかめるよ」と金融ジャーナリストは教えてくれた。彼によると、「中小企業を顧客にする税理士なら、粉飾決算を請け負ったことがない人はまずいないだろう。僕の知り合いの税理士によると、程度の差こそあれほとんどの企業が粉飾をしているそうだ。やっていないのは学校法人、特殊法人などごく一部だけだそうだ」という。

そこでしばらく閑話休題とし、私はこのアドバイスを実行してみることにした。平成二十四年二月某日のことだ。

知人の紹介で訪れたのは、都心から二十分ほど電車に揺られた街だった。静かな駅前商店街をはずれ近くまで歩くと、街並みに駐車場がまじりだす。その事務所は古そうなラーメン屋の二階にあった。商業高校を出てこの道五十年というベテランの税理士が息子と二人でここを切り盛りしているという。もちろん今回の事件とはまったく無関係の親子だ。

最初に応対してくれたのは、四十代前半とみえる息子さんだった。

「粉飾決算自体は通常のことだと僕は思ってますよ」

いきなり言われて、さすがに面食らった。

「ただ、粉飾といってもいろいろあります。粉飾をしてお金を借りたけど約定通り返済した、そして会社は復活して、銀行も金利で儲かった、というのであれば何の問題もないと僕は思ってます。言葉はおかしいけど、正しい粉飾です。逆に、お金を借りた後、会社は飛んだ（倒産した）、銀行も損害を被った、というのは悪い粉飾でこれはアウトだ。要するに分かれ目は、返すか返さないかだと思ってるわけです」

息子さんは「これはあくまで僕の感じ、ですよ」を何度もはさみながら話を続けた。

「粉飾に関しては、僕らの業界はどこも百パーセント、大なり小なりはお客のためにやってしまっている部分があると思います。お金を貸した方に迷惑がかかるかどうかが問題で、誰も痛まないのであれば、それならいいかな、という考えです。中小企業はお金を借りられなければ自動的にアウトになりますけど、貸す方は決算にマイナスがあったら貸せないわけで、そうなればこちらもお客を失うわけだから、多少色を付けるなりしてやってあげるしかないわけで――」

「立ち入ったことをお聞きしますけど、こちらの事務所のお客さんのうち何割ぐらいが、その……粉飾をしてるんでしょうか」この際だからと踏み込んでみると、息子さんは腕組みした。

「そうですねえ、うちの事務所は会社と個人事業主で合わせて百近いお客さんがいますが、このうち大なり小なり決算書を修正するのは、まあ七、八割ぐらい……ですかね。ここ数年はどこも調子が悪いから、八割より多くなってるかな……」

そんなにですか、と相槌《あいづち》を打ちかけたとき、ちょっと待った、という感じで、ゴマ塩頭の親父さんが衝立の陰から顔を出した。狭い事務所なので声は丸聞こえだったのだ。

「すみませんね、途中から割り込んで」親父さんは詫《わ》びてから説明を始めた。

「八割まではいかないですよ。今の情勢ですから、世の中の会社の六割から七割が実際は赤字だと思いますけど、うちの場合はお客さんに、赤字になる前に役員の給料を下げたり経費を削ったりして頑張ってくれって言いますから、融資を申し込む方のだいたい半数が実際は赤字かトントンといったところです。何らかの修正をするのはまあ……六割に満たないくらいのものですよ」

隣で息子さんが、そうかな、という感じで眉を動かすのが見えたが、それ以上突っ込むのはやめておいた。

「粉飾というと、実際はどういうやり方をされるわけですか」

「だいたいの場合、まあ費用というかそういうのをちょっと先に繰り延べるということで、あと償却をやめる場合もありますね」

親父さんは最初のうち言葉を濁したが、次第に話は具体的になっていった。

たとえば大きな広告宣伝費があった場合、その効果が出るのは次の年度だからということで決算への計上を次の年度にずらすといったことは日常的なことなのだという。

「計上を延ばしても、次の年度にその分の経費が発生するわけですよね」

「そうですけど、うちらの相手は中小企業ですから、ちょっと頑張れば成果はでるもんなんです。努力しないでずるずるやっていたら、先は倒産しかないわけだから、商人はそれなりに頑張りますよ。私が指導すればだいたいの人は黒字に転換できますから」

「売上高の水増しという方法はどうなんでしょう」

「それは額にもよりますが、大きな額でやるというような悪質なことは、うちはやりませんね。私の方針としてやらないことにしてるんですよ。売上を増やすと税務署は喜ぶけど、はっきり言って銀行を騙すことになりますからね」

「そういうものですか……」

「うちの事務所はそういう方針ですけど、一般的にどうなのかといえば、売上のかさ上げは、かなりありますよ。銀行さんなんかに聞くと、あっちこっちでやってるそうですね。決算書を見れば、売上の数字をいじってるかどうかはだいたいわかりますから、銀行さんも実は知ってるわけなんですよ」

「売上高の操作は銀行もお見通しだと……」

「はっきり言って、銀行さんの方から『赤字で持ってくるな』って言ってくるんですよ。これは直に聞いたわけじゃないですけど、お客さんの話だと『黒字に直して持ってこい』ってずばり言われることもあるそうです」

「……銀行員が粉飾を求めると」

「だいたいは阿吽《あうん》の呼吸なんですがね。銀行さんもプロですから、決算書を見ればこれがどういう修正なのかはわかりますよ。肝心なのは、この人は返すのか返さないのかという、その一点だけです。中には返さないというとんでもない奴もいますからね。そういう奴以外のお客であれば、銀行もお金は貸したいんだから、決算書はきれいにして持ってきてもらいたいと……だって、赤字で持っていったら門前払いしかないんですからね」

驚く私の顔を見て、親父さんは、早い話が、と続けた。「政府（保証協会）の保証を付けて出す融資なら銀行は誰にでも貸すでしょ。あれはかなり焦げ付いてるらしいじゃないですか。銀行さんも目をつぶって出してるわけなんですよ、保証付き融資についてはね――あっ、ただし、うちのお客さんにはそういう焦げ付きはいませんよ、ここ数年はね」

親父さんは、売上高を大きく水増しすることだけはポリシーとしてやらないと言ったが、お客からそうしてくれと頼まれることは往々にしてあるのだという。そういうときに判断の基準にするのは、銀行に迷惑がかかるかどうかの一点なのだと何度も繰り返した。

「売上のかさ上げをしている会社には二通りあります。お金を借りるために仕方なくやる場合もありますが、ただ借りることだけを目的にしている人もいます。うちもこれまで苦い苦い経験してますんで、後者のような無謀な真似はさせません。融資先がおかしくなって貸し倒れになると、銀行員の将来をだめにしますからね。銀行に入るような人は優秀な将来のある人ですから、そういう人の芽を潰すようなことになったら気の毒です。それだけは避けたいと思ってます。私も商業高校出なんで、同級生が何人も銀行員になりましたから」

「それだけじゃなく」と親父さんは付け足した。「貸し倒れが出ると銀行は必ず、あそこの会計事務所はダメだということを言いますからね。どこの事務所にどういうクセがあるとか、平気で売上をかさ上げしてくるとかいうことは、支店でちゃんと記録してるんです。税務署がクセの悪い税理士をリストにするのと同じことですよ」

「しかし、このお客が返すか返さないかという判定は、どうやって見極めるわけですか」

「返せるのかどうかを経営者に聞く場合もありますけど、だいたいは流れを見ていれば判断がつきますよ。売上の変遷とか内部でどれだけ努力してるかどうかとか、そういうのは全部うちで把握してますから、それでわかります。だから、決算書をきれいにしてくれって言われても、うちはできないって断る場合もありますよ」

この事務所では、顧客が銀行に融資を申し込む際の申請書類の作成も無料で引き受けているという。それだけに銀行からの信用を重んじており、息子さんによると、顧客が返済できなくなったとき、場合によっては事務所で借金を肩代わりしてあげたこともあるという昔気質だ。親父さんは社会保険労務士の資格も持っており、リストラを指導した会社に解雇された人のために推薦状を書いたり再就職先に口を利いてあげたりということも度々あるのだという。

「まあ、売上のかさ上げなんかのケースについてお聞きになりたいということですから率直に申しますとね、うちらも商売なので、銀行からお付き合いしてもらえるような道を用意してほしいというお客さんの考えも理解してあげるわけですよ。ただし、先の見通しをよく読んでね、粉飾をさらに続けることになるのかどうかよく考えなさいって言ってあげるわけです。うちとしては、やるにしても一回限りということで、来期はちゃんと改善してくれよということでね。先行きも危ないようだったら、決断は早い方がいい。赤字の計上は先延ばししない方がいいに決まってるから。一回だけと言っといて、翌年も改善していなかった場合、これは厳しく言いますよ。早い話が、うちの意見を聞けないなら、いつでもよそに行ってくれってね。ありがたいことにここ十年、よそに行った人はいないですけどね……」

これほど昔気質な税理士でも、いや、昔気質だからこそ、粉飾は避けて通るわけにはいかないものになっている。最初に息子さんが言った「粉飾自体は問題ではなく、銀行に返せるのかどうかが問題なんだ」という言葉がすべてを物語っていた。

考えてみると、これはとても理にかなった考え方だ。上場企業の場合、粉飾決算はそれ自体が金融商品取引法で禁じられた犯罪だ。上場企業は株式市場に対して決算内容の公開を義務付けられ、決算書は監査法人の厳しいチェックを受けなければならない。しかし、非上場の会社には決算書の公開義務はなく、粉飾決算自体は違法ではない。非上場の会社が罪に問われるのは、粉飾決算によって人からお金を騙し取った場合などだけだ。親父さんの言った「金を返すつもりのないとんでもない奴」を取り締まるために詐欺罪が適用されてきたわけだ。だから、「金を返せないなら、アウト」といった息子さんの判断基準は法にかなっている。

だとすると、今回の事件で朝倉亭がやったことはどうなのだろう。

朝倉は初めから、金を借りておいて会社を潰して踏み倒すつもりだったのだろうか。

破綻して返済不能になったから詐欺罪で逮捕ということになったのだろうか。

トンネルの奥の光

平成二十一年十一月、朝倉はついに「落城」を決意した。

十月期決算の数字がもうすぐ確定するという時期だった。売上の低迷は月々の売上実績の報告に表れていたので、赤字になるだろうことはもはや確定的だった。

――これじゃ、いけない……。

佐藤からは、出会ったばかりのころから本社事務所を移転すべきだと何度か進言されていたが、朝倉は「移転はとても考えられない」と退けてきた。渋谷区南平台の本社事務所は彼にとって、やっと勝ち取った城だった。個人的な思い入れもあるし、〈エス・オーインク〉がファッション業界の新進ブランドメーカーとしての地位を保つために、落城だけは避けたいというこだわりもあった。そうした心情以上に二の足を踏ませたのは、ここに入居する際に建物の造作に大がかりな改修を施したため、原状回復に多額の費用がかかることだった。

だがもう、そんなことは言っていられない。朝倉は腹を決めるとすぐ物件探しに走った。

その数日後、佐藤と会計事務所の担当者を呼んで決算確定にあたっての打ち合わせをした。

「粉飾決算をやらないでいく道もありますよ。正直に全部出して、余計な税金を払うのをやめ、銀行返済を全部止めて、それで回していく道です」

佐藤はあえてリスケの道もあることを説明したが、「それで回していく」のがどれだけ困難なことかは、すでにお互い言わずもがなの共通認識だった。今ここで粉飾に終止符を打ち、銀行返済を月数万円にしてもらう本格的なリスケを選択した場合、資金調達の停止によって会社の運転資金は二、三ヵ月で底をつく。それは経営を諦めるのとイコールだった。

会計事務所の担当者が、素のままの数字で作成した決算書原案を持ってきて、「どうする?」と聞いた。朝倉は断腸の思いで言った。「申し訳ないけれど、今期についても黒字ということにしていただきたい。せっかく銀行との取引が始まっているのに、赤字では取引できなくなってしまう。営業については頑張ります」搾り出すようなか細い声だった。「やむを得ないですね」と佐藤が賛同した。

これで三期連続の粉飾決算が決まった。実際の売上高は前年よりさらに落ち込んでいたが、これを前年並みに修正。経常赤字は約九千万円、債務超過額が約一億円にのぼったが、表向きはどちらもプラスを装った。

粉飾はこんな手順で行われた。まず会計事務所が作成した「素」の状態の決算書原案をもとにして、佐藤が朝倉と相談しながらどこをどう修正するかを決めていき、佐藤が手書きで数字を書き込んでいく。実際の売上高は、すでに銀行に提出してあった資金繰り計画表などの数字を大幅に下回っていたので、これに合わせて修正する。こうして売上高の水増し幅が決まると、それと矛盾しないように細部を調整していく。出来上がったものを朝倉が会計事務所に説明し、最終的な調整をお願いした。出来上がった決算書に再び佐藤が目を通して一部修正を加え、決定版ができた。

ところで、この決算の二ヵ月ほど前、意味深長な出来事があった。融資を受けていたあるメガバンクの行員が朝倉のもとを訪れ、一枚の書面を手渡しながら言った。「当行の御社に対する評価の基準として、どんなところに着目するかのポイントをこちらにまとめてきました」

書面には、「前期比増収増益　現預金増大　在庫量圧縮　借入残水準を極力圧縮……」などと決算科目のどこがどうなればよいかが箇条書きしてあった。行員はこうも言った。「決算に向けてこれらの点に留意していただければ、格付けをよくすることができます。参考にしてください」

いわば決算書の模範解答を示されたようなものだ。しかし、決算のたった二ヵ月前にこれを示されて、ただちにどこをどう改善できるというのだろう。〈エス・オーインク〉は実際に在庫圧縮に取り組んでいたが、その他の項目は、できるならとっくにやっているようなことばかりだった。書面には、後で問題になることを避けるためなのか銀行名が記されていなかった。

朝倉には、銀行が粉飾決算を見越した上で修正してほしいポイントを指示してきたのではないか、とも思えたが、その真意を憶測しても答えは出ない。佐藤と朝倉が粉飾にあたり、これらの点に留意したことは言うまでもない。

二十二年六月、朝倉は空っぽになった南平台のオフィスをもう一度目に焼き付けてから、そこを後にした。移転先は同じ渋谷区の桜丘町で、広さを約九十坪から約五十坪に減らし、家賃は月約二百万円から約九十万円に落とした。同時に直営店舗の二階にあったレディースブランドの営業を休止し、本社にあったプレスルームをここに移転。二台あった社用車を一台に減らすなど、切れるところは次々と切っていった。

朝倉は、移転先の事務所にプレスルームの代わりの来客用スペースを設けるため改修を施そうとした。その費用に約十万円かかる。

「それはないでしょう」と佐藤。「リストラのために移転するのに、そこに経費をかけてどうするんです」

手厳しく言われて、自分はまだ甘かったのかと朝倉は自問した。むろん金のかかる改修は諦めた。

この年朝倉は、自らを含む役員四人の報酬を年間で三百万円削減した。また、前年からの三年間、退職者分の人員補充をしないなどのやり方で、約五十人いた社員・スタッフを四人減らした。外注契約のデザイナーなども常時八人いたが、全員の契約料を二年連続で減額した。このほかに削ったのは広告宣伝費、運賃、交通費、消耗品費……。これらのリストラで、二十二年度だけで経費を約四千二百万円削った。

このころ佐藤は、朝倉の経営に対するストイックぶりに何度も驚かされたという。

なにしろ朝倉の頭の中にあることといえば、二十四時間、会社のことか洋服のことだけなのだ。落ち込むときも喜ぶときも仕事のことなので、顔を見ればその日の会社の状態がひと目でわかった。土曜、日曜に会社にいないことの方が稀で、休日に電話、深夜にメールを平気でよこす。佐藤はコンサル料三十万円の最上顧客を〈エス・オーインク〉のほかに二社受け持っていたが、いや応なしに割く時間は朝倉が圧倒的に長くなった。週三回は会い、メールは多い日だと何度もくるのだから、考えてみると恋人以上の付き合いだ。

リストラの有言実行ぶりもそうだが、真っ先に自分の報酬を削る経営者は中小企業の場合、実は珍しいとも言われる。朝倉は迷わずそれをやったばかりか、それ以前に自分の役員報酬は未払いが積もり積もったままにしていた。

朝倉はある日、自分の財布を開いてみせてこう言った。

「ほら見て、佐藤さん。カード類を全部捨てました。使わないためにね」

そこまでやるか、この人は。佐藤は唖然とした。

佐藤は約二年半の付き合いの間に朝倉から五度ほど食事をご馳走になったと記憶している。いつも近場の寿司屋で、たまに二次会でバーにも誘われたが、驚かされたのは、勘定を払うときに朝倉がいつも店に領収書の発行を求めないことだった。佐藤の見てきた社長たちは、交際費で落とすために領収書をもらうのが当たり前だった。自ら報酬減になった人に自腹で奢《おご》られているのだとわかると、さすがに佐藤も居心地が悪くなった。

こうして朝倉はリストラに本腰を入れて取り組んだが、消費の冷え込みだけは彼の力でどうできるものでもなかった。

民間調査機関の業種別統計によると、アパレル業の倒産件数は平成二十年に急増し、二十一年をピークに微減に転じるが、資本金一千万円未満の企業に限れば二十二、二十三年も倒産件数はゆるやかな右肩上がりだった。つまり売上の減少分を吸収する体力のない中小企業がバタバタと潰れていったわけだ。業界全体の売上高は二十三年にやや持ち直しており、二十一〜二十二年が業界のどん底だった。

〈エス・オーインク〉はその波をもろにかぶった。平成二十二年の秋冬シーズンは、どのブランドが、どの店が、どの事業が落ち込んだというのではなく、どれもこれも一律に落ち込んだ。

そして迎えた二十二年十月期の決算。かつて九億に迫った売上高が、三期連続の減少によってついに七億を割り、六億八千九百万円。朝倉にとっては四期連続、佐藤が入ってからは二期連続の粉飾決算を二人は決断した。売上を九億三千万円に水増しして、債務超過をプラスに変えた。

後に佐藤と朝倉の逮捕容疑を構成するのは、この期の粉飾決算だった。

ただし、こういう言い方をすると負け惜しみに聞こえそうだが、彼ら二人にとってこの期も粉飾を続けざるを得ないことは、ある程度事前に想定していたことだった。

ここまで落ちるとは予測していなかったにせよ、景気動向からみて売上の回復を見込むのは無理だとあらかじめ判断していたこともある。しかし、それよりも大きな理由があった。今年は悪材料をすべて出し尽くしておきましょう――佐藤は朝倉と話し合い、この年をそう位置付けていた。

悪材料の一つは、朝倉が会社移転に二の足を踏む原因となった建物の原状回復費だ。また、これに伴い二千万円近い固定資産除却損が出た。これに引っ越しの費用も加わったから、移転によって節約された家賃負担額をはるかに上回る損失を、この年の決算に計上したわけだ。

もう一つは在庫の処分だ。朝倉は二十一年から二年がかりで在庫商品の原価割れ放出に取り組んだ。原価約六千万円分の在庫品を約三千万円で放出したから、約三千万円の損失計上となった。

流行《はや》りすたりの少ないメンズブランドの衣料品の場合、在庫品は長く抱えても損失にはならないが、これが膨らむと財務体質の悪材料として銀行からマイナス評価を受ける。在庫を放出して減らしておくことは、銀行との正常な関係を取り戻すために遅かれ早かれやっておかねばならないことだった。

いずれ出さねばならないマイナス要素なら、二十二年のうちにすべて出しきっておく。そして、二十三年の単年度黒字化にすべての照準を合わせる――それが佐藤の立てた戦略だった。

そして三年計画の三年目。朝倉と佐藤は平成二十三年を迎えた。

「今年はスタート台に立つ年ですよ」そう書かれた佐藤からの年賀状を、朝倉は社長席の正面のコルクボードに画鋲《がびょう》で貼り付け、何度もこれに目をやった。

二人が手探りで進んだ暗いトンネルの奥に、細い光の筋が見えていた。

第二章

強制捜査

「……直告班（東京地検特捜部の独自捜査班）はやっぱり、事件をやりゃあいいわけじゃなくてさ、本当はいろいろネタを仕込んでもらって、あ、これはやる価値あるな、これは捨てちゃえ、とかね、これは魅力的だけど証拠ねえわな、じゃあ諦めちゃえ、とかっていうのを本当はやってもらいたいわけです。最初の見立てが違ってたらさ、いさぎよく退いてもいいんですよ。で、そうやれって言うんだけど、言ったからって、なかなかその通りにはならないんですよね。そこが難しいところだなっていうふうに思っていてね。で、いろいろ改革したけども、一番成果のあがってないところはどこかって言ったら、それは特捜部のような気がするんですよ。それはまあ、少しずつ変えていくしかないとは思っているけど、悩ましいですよ……」

（笠間治雄検事総長のインタビュー　平成二十四年一月）

第二の不良コンサル

佐藤と朝倉はいったいなぜ、よりによって東京地検特捜部に目を付けられるようなことになったのか。その経緯をさかのぼっていくと、特捜部の「見立て違い」が二人の運命を弄《もてあそ》ぶ結果につながったことに気がつく。

まったく不幸としか言いようのない偶然の符合が「疑惑」を生み、「疑惑」は「誤解」になり、そして捜査の糸は紡がれていき……。

発端は、彼らの逮捕の一年前、二人とは何の関係もない事件の捜査だった。

平成二十二年夏、通称「マルサ」で知られる東京国税局査察部が東京都墨田区の小さな会社を家宅捜索した。共同出資者三人の姓の頭文字をとって名付けられたそのコンサルティング会社〈Y・M・T〉（仮名）には、複数の会社から理由不明の多額の入金が繰り返されていた。さらに、この会社の代表取締役、種田正人（仮名）が派手な遊興で散財しており、親族名義の口座に分散するなどして億を超える金を隠し持っている疑いも出ていた。

種田は当時三十四歳の元銀行員。平成十年に現在のみずほ銀行に入行し、飛び抜けた融資先開拓の手腕を発揮して行内の注目を集めるやり手だった。十九年に同銀行築地支店の渉外課長代理となり将来を嘱望されていたが、二十一年九月、なぜか依願退職していた。〈Y・M・T〉という会社は、種田がまだ課長代理だった当時、支店の顧客らと共同で設立していた。現役銀行員が顧客と共同で会社をつくること自体が通常あり得ないことだし、派手な遊興が始まったのもその頃からだった。

——この金はいったいどこから出ているのか……。

マルサの調べで、驚くべき打ち出の小槌のカラクリが骨格を現していった。

〈Y・M・T〉に入った金の出所をたどると、行き着く先はどれも種田のいた築地支店から融資を受けた会社だったのだ。億を超える隠し金も、やはり築地支店の融資先の社長から現金で受け取ったものだった。

種田は二つの顔を持っていたのだ。表の顔は、次々と大口融資をまとめる凄腕の銀行マン。そして裏の顔は、融資先からリベートを吸い上げて豪遊する男。脱税の調査は大がかりな犯罪の鉱脈にぶち当たっていた。

——こちらの調査で、元銀行員による悪質な融資詐欺の疑いのある事案が見つかりました。

これらの事実はただちに、東京国税局査察部から東京地検特捜部へ報告された。

査察部の役目は、悪質な脱税を発見、解明して追徴課税するとともに、検察に脱税の罪で告発して刑事訴追を求めることだ。通常は査察調査に着手してから長い時間をかけて脱税の全貌《ぜんぼう》を解き明かし、それから検察に持ち込む手順になっている。しかし、このケースのように調査過程で脱税以外の犯罪の疑いが出てきた場合は、検察に途中参戦を求めて共同で解明にあたることになる。

こうして二十二年秋、東京地検特捜部が種田周辺の捜査に乗り出した。

特捜部はマルサの押収資料を分析し、種田が行員時代に大口融資をまとめた会社の経営者たちを次々呼び出して事情聴取していった。

種田に億単位の現金を渡していた社長の会社は、売上高を大企業並みの七十二億円とした決算報告書を築地支店に提出して融資審査をパスしていた。しかし、その正体は年商一千万円ほどの営業実体の薄い会社だった。犯行のシナリオはすべて種田が書いて、社長に「カネを借りないか」と持ちかけていたことがわかった。

種田が伝授した筋書きはこういうものだった。

この融資は十年後まで元本を返済せず借りっぱなしの状態にしておける「当座貸越」の形で行うので、会社は今後十年間、毎月の利息を払い続けるだけでいい。そして十年後に会社を潰せばいい。肝心なのは融資契約の際に社長が連帯保証人にならないことで、そうすれば返済責任を負わずに済ませられる。

そして、この融資が不良債権化するのは十年後なので、種田の実績には当面、傷一つつかないという仕掛けだった。

虚偽の決算報告書、多額の納税を装う偽の確定申告書の控え、そうした小道具は種田に恩のある税理士が作成した。社長は大会社と見せかけるため都内に事務所を借りるなど舞台装置を整えた。二ヵ月後、社長は種田同席で築地の支店長らと会食し、その三日後、三億五千万円の融資が決まった。融資金のうち五千万円は利息の支払い用の口座に入金し、残りは種田と折半した。種田はこの日、一億五千万の札束を自宅に持ち帰って家族に見せびらかしたという。

三ヵ月後、種田と社長はさらに一億五千万円の追加融資を引き出した。合計五億円までなら支店長の決裁権限内なので、本店の審査を受けずに済むからだ。二日後、種田は新たな分け前として半分の七千五百万円を現金で受け取る。すぐさま高級マンションを購入し、残りは親族名義の口座に分散して預け入れていた。

空っぽの会社を「ハコ」に使い、粉飾決算で大企業並みに見せかけて融資金を注ぎ込み、これを山分けする——この手口の犯行を種田は銀行を退職する直前まで複数の会社で繰り返し、コンサル会社〈Y・M・T〉をリベートの受け皿にしていた。

二十二年十二月一日、特捜部はまず五億円の詐欺容疑で種田と共犯者二人を逮捕。さらに、越年で捜査を続け、一月十一日には脱税容疑で種田を再逮捕。三月までに別件の詐欺二件で再逮捕、追起訴を重ねた。立件された詐欺罪の被害額は最終的に三件で計十五億円にのぼった。

この大胆で実はとても浅はかな犯行がまんまと成功したのは、当時銀行が優良な融資先探しに苦慮していたからだ。金融庁は全金融機関に中小企業への貸出額を増やせとの至上命題を負わせていたが、銀行が貸倒引当金を積まずに融資できるのは一握りの格付け上位の企業だけだ。銀行の営業マンたちは低リスクの優良顧客を発掘せよとの過酷なプレッシャーにさらされていた。その中で種田は優秀行員に贈られる賞を十数回も受賞するほど際立った存在だった。

それを可能にしたのが、粉飾決算という魔法だった。それも、巷の中小企業で横行しているものとは比較にならない大がかりな魔法だ。年商一千万円を七十二億円に偽装したのだから、これぞ「ザ・粉飾」というしかない。金額的にも動機の不純さからみても、特捜部が乗り出すべき悪質な事件だったといえる。

ちなみに、東京地裁での裁判で種田の弁護側は「詐欺罪は成立しない」と無罪を主張し、次のような理由を述べた。「みずほ銀行では無謀ともいえる法人への貸出残高目標が設定されており、ノルマ達成のため、顧客に粉飾決算を指導して融資する『特対案件B』と呼ばれるカテゴリーがあった。今回の事件のケースもその一つだったので、支店長らも実は融資先の粉飾を知っていた。だから銀行を騙したことにはならない」

粉飾決算によってインチキの融資先を作り出すことは行内で公認された仕事だった、という主張だ。これに対して検察側は、当時の支店長らを検察側証人として出廷させ、この主張を真っ向から否定させた。東京地裁の判決は弁護側の主張を「荒唐無稽」と退け、種田に懲役十一年の実刑を言い渡した。

東京地検特捜部による「種田事件」の捜査は、東日本大震災が日本中の機能を一時停止させた平成二十三年三月半ばに終結された。といっても震災の影響を受けたわけではなく、年度の変わり目を区切りに捜査のスケジュールを組んで終結を迎えたためだとみられる。特にこのときの年度の変わり目は、特捜部始まって以来といっていいほど大きな変革の節目でもあった。

四月から特捜部の取り調べでも可視化（録音・録画）を試行することが決まっており、取調室にビデオ録画の設備が順次導入されていた。四月以降に逮捕する事件の取り調べの全部または一部はこのカメラの監視下で行われ、その映像記録は弁護側の請求に応じて開示しなければならなくなる。そうなると、取り調べが格段にやりにくくなるのは必至だったので、こうした変革を迎えるにあたって特捜部はこの捜査に一応のピリオドを打ったわけだ。

しかし、捜査班にはまだ「積み残し」が一つあった。

種田正人の詐欺罪の立件は三件で打ち止めにしたが、種田はこのほかにも同じような粉飾がらみの怪しい融資を数件繰り返していた。これらの融資先会社の経営者たちも二十二年秋から二十三年初めにかけて特捜部の追及を受けていたが、立件は免れていた。その一人が井原左千夫だった。後に佐藤、朝倉とともに逮捕される靴輸入販売会社〈イハラ〉の社長だ。

井原は〈サンピエトロ〉という名称の休眠会社を持っていたが、二十年九月、種田のいた築地支店がこの会社に一億五千万円もの融資をしていた。支店に出された決算書は例によって五十億円もの売上高がある優良企業のように粉飾されていた。さらに、〈サンピエトロ〉には別途一億五千万円の融資枠が与えられ、種田が銀行を辞める三ヵ月前の二十一年六月、井原はこれも全額現金化していた。実体のない会社が計三億ものカネを引き出していたわけだ。

井原は調べに対し、この融資話は種田から持ちかけられ、決算書を粉飾したのも種田だし、種田がこれを使って融資稟議を通してくれたのだと大筋の話は認めた。立件された三件とまったく同じ構図だった。

しかし、肝心の三億円がどこに行ったのかとなると井原は「使ってしまった。銀行には少しずつ返していくつもりだ」などと言うだけだった。特捜部は他のケースと同じように半分の一億五千万円は種田がリベートとして吸い上げたはずだと睨んだが、井原はこれを認めなかった。

特捜部がなぜこのとき〈サンピエトロ〉の三億円について立件を見送ったのか、詳しい事情はわからない。しかし、金の使途解明が壁に突き当たったことが原因だったとみられる。種田へのキックバックが見つからないままでは、種田が「単に融資実績を増やすためにこの融資案件をまとめただけだ」と主張した場合、詐欺罪の成否が危うくなるからだ。

井原はこうしていったんは捜査の手から逃げ切った。

しかし、特捜部は井原を完全に捨てたわけではなかった。

三億円の使途を解明するために〈イハラ〉の経営実態を調べてわかったのは、巨額の使途不明金に象徴される井原のドンブリ勘定的な金銭感覚だった。

この会社も粉飾決算なのではないか――特捜部はそう睨んだ。

種田がやってきた巨額の粉飾とは次元が違うにせよ、〈イハラ〉本体も赤を黒に変える粉飾をして銀行から融資金を引き出していた疑いは濃厚だった。

しかも、〈イハラ〉の背後には種田とよく似た経歴を持つ男の影が浮かんでいた。種田と同じ銀行、同じ支店にかつて在籍し、同じように銀行をドロップアウトして、現在は同じようにコンサルタントを名乗っている男――それが佐藤真言だった。

佐藤が第一勧銀築地支店にいたのは平成十一年から十三年までで、種田が赴任したのはみずほ銀行に統合された後の十九年だから、二人の経歴に重なりはない。しかし、佐藤は十七年から二十二年まで〈イハラ〉のコンサルティングを担当し、財務面のアドバイスや資金繰り改善の手伝いをしていた。この間に〈イハラ〉の関連会社が佐藤の古巣の支店から詐欺的なやり方で融資金を引き出していた。

――ということは、この佐藤という男が裏で糸を引いたのではないか。佐藤は〈イハラ〉の粉飾決算を指導して銀行から融資を受けさせながら裏金を捻出させ、そこから裏報酬を吸い上げてきたのではないか。だとすれば、構図は種田と同じじゃないか。この男がもともと井原と種田を結びつけ、消えた三億円の行方に関わっている可能性が高い。

こうして特捜部は「第二の不良コンサル」――佐藤真言に狙いを定めて情報収集を開始した。

現ナマを捜せ

『郵便配達は二度ベルを鳴らす』という小説があったが、そのベルはなかなか鳴り止んでくれなかった。朝八時、佐藤真言は残業疲れでまだ自宅のベッドにいた。きっと宅配便の配達か何かだろうと思って居留守を使うことにしたのだが、相手はまるで中に住人がいることを知っているかのように呼び続けるのだ。

根負けして応対に立つと、インターホンのモニターに背広姿の男が二人映っていた。ドアを開けると、男の一人が言った。

「佐藤真言さんですね。東京地検特捜部の者です。ここではなんですから……」有無を言わさず一歩踏み込むと、書面を示しながら言った。「お宅に家宅捜索の令状が出ています――」

平成二十三年七月六日――種田事件の捜査終結から約三ヵ月後のことだ。

佐藤はよく事態がのみ込めず、寝ていたままの姿で玄関に立ち尽くすだけだった。示された令状に並んだ文字の意味がすんなり理解できない。容疑事実のところに「詐欺」と書いてあり、被疑者名のところには自分の名前があった。――いったいなぜ……。

と、横に併記された名前が目にとまった。

井原左千夫。

――井原さん？　そういえば、あの人……。

井原は平成十七年に佐藤がコンサルティングの担当になった銀座の会社社長で、なにかと手のかかる顧客だった。毎月の帳簿点検のたびに使途不明の支出が見つかり、佐藤と顧問税理士が二人がかりで苦言することの繰り返しだった。そのたび井原は殊勝なことを言うのだが、いっこうに改まりはしなかった。それでも佐藤はできる限りのサポートをしてきたつもりだったが、一年前の二十二年夏にコンサル契約は突然打ち切られた。ただし、その後も半年ほどは電話が数回かかってくる程度の付き合いは続いており、その冬、井原は電話でこんなことを言ってきた。

「佐藤さん、覚えているかな、みずほ銀行に種田さんという行員がいたでしょう。その種田さんに今、脱税の疑いが出ているらしくて、私まで国税と地検に呼ばれて困ってるんだ」

種田という行員には確かに六年ほど前、井原の付き添いでみずほ銀行の八重洲南口支店に出向いた際に顔を合わせていた。その後種田が築地支店に異動になったという消息を井原から聞いたが、なぜ種田の脱税で井原まで当局の追及を受けるのかとなると、佐藤も推測をめぐらすしかなかった。

井原にこの話を聞かされてからしばらく後、実際にその種田が東京地検特捜部に逮捕されたことをニュースで知って、びっくり仰天させられた。

あれから半年。事情はよくわからないが、どうやらあの事件の関連で、井原がなんらかの災厄のお裾分けをこちらに寄越してくれたらしい。

まったく迷惑な話だが、ともかく調べてもらえば自分が無関係であることはわかってもらえるはずだ——佐藤はそう考えて、わかりましたと検事に答えた。

外で待機していた男女四、五人の事務官がただちに呼び入れられた。捜索部隊はざっと屋内の間取りをチェックしてから、いったん奥のリビングに集合した。だが、彼らの顔には明らかに困惑した表情が広がっていた。

なぜ彼らがそんなに困惑しているのか、佐藤にはわけがわからなかったが、後でその理由を検事から教えられることになる。

――これが本当に粉飾決算で銀行を食い物にする悪徳コンサルタントの住まいなのか……。

事務官たちは佐藤の住まいのあまりの質素さに拍子抜けしていたのだった。

佐藤の住まいは実際、特捜部が約八ヵ月前に捜索した種田正人の豪奢な住まいとは似ても似つかぬものだった。場所は東京のJR山手線と地下鉄が通るターミナル駅から徒歩十数分という好立地にあり、住所だけを見ればリッチな暮らしを想像するかもしれない。だが、建物は築約四十年のくたびれた賃貸マンションで、隣の新築ビルに押し潰されたような間口の狭い佇《たたず》まいだ。旧式のエレベーターで四階まで上がり、ドアを開ければ細長い間取りの一LDK。金をかけた調度品もない。ここに佐藤は妻と犬一匹と暮らしていた。

特捜部はこの捜索の数ヵ月前から、密かに佐藤の資産状況について内偵捜査を続けていた。佐藤が預金口座を置いている金融機関に取引内容を照会し、所得税の納税記録や固定資産の有無についても資料を取り寄せていた。だが、預金口座には毎月の給料日に会社から定額の役員報酬が振り込まれているだけで、その報酬額は同年代の平均年収をやや上回る水準にすぎず、ほかに大きな出入金も負債も見当たらない。本人や親族名義の不動産、株式の売買、長期の海外渡航歴なども なく、大きな資産を形成したり散財したりといった形跡はみられなかった。

――この男が顧客に粉飾決算を指導して融資金を引っ張ってやり、その見返りに多額の裏報酬を吸い上げてきたのなら、とてもこれだけの資産で済むはずがない。表に見える資産がないということは、どこかに隠しているはずだ。後ろ暗い金をせしめた人間は国税の目に触れぬよう隠すのが常で、まして相手は銀行出身の金融のプロ、その知識には長《た》けているだろう。多額の金を人目につかないように隠しておく場合、最も単純で最もよくある方法は、現金のまま手元に置いておくパターンだ。自宅に札束が隠されているのではないか——そう考えて佐藤の自宅に踏み込んだのだと、後に検事自身が取り調べの中で佐藤に語って聞かせている。

リビングも台所も、予期せぬ来客で足の踏み場もなくなっていた。検事一人と事務官五、六人の一行は手分けして捜索を開始。押入れの天井板を外して天井裏を改め、簞笥《たんす》の引き出しの裏側や下着類の中に隠し口座の通帳などがないかも念入りに調べていく。寝室を調べた女性事務官は、押入の奥に重量のある膨らんだリュックサックを発見して「あっ！」と声を上げた。ところが、開けてみると中にあったのは二リットルの水のペットボトルや懐中電灯など非常持ち出し用セットで、落胆の表情に変わった。

この日佐藤の自宅から押収されたのは、携帯電話、パソコン、新旧の預金通帳、手帳、アルバム、確定申告書の控え、パスポート……など。札束や証券類、隠し口座の通帳その他の隠匿財産につながるものは何も見つからなかった。

捜索開始から三十分ほど経った頃、佐藤は霞が関の東京地検まで任意同行を求められた。検事と事務官一名とともにタクシーに揺られながら、佐藤は何が起きているのか一刻も早く聞きたかったが、車中でそんな話をするわけにもいかず、もどかしさに耐えて口を閉じているしかなかった。

検察庁舎の裏口にタクシーが着けられ、九階の取り調べ室に案内された。

検事と差し向かいの席を示され、事務官は佐藤を真横から見守る席に着いた。

「びっくりされたでしょう、佐藤さん。今日はここで夕方までお話をうかがわせていただきます」検事は人当たりのよい男で、イメージしていた特捜検事と実物はだいぶ違うなと佐藤は感じた。この検事とこれから四ヵ月後の起訴まで、繰り返し向かい合うことになるとは予想もしていなかった。

まずは氏名、生年月日、本籍地、経歴などを聴き取っていく身上調書の作成が行われた。これを終えると検事はいったん席を立ち、佐藤は事務官と二人で部屋に残された。

この日特捜部は佐藤宅の捜索に着手したのとほぼ同時刻から、彼の勤務先や井原左千夫の会社、自宅などでも一斉に捜索を始めていた。井原本人も佐藤と前後して検察庁舎に任意同行され、別室で取り調べが開始されていた。口裏合わせや証拠隠滅をさせないために、取り調べや捜索はすべて同時並行で進められる。そしてその経過は随時、この捜査を束ねる主任検事のもとに報告される。主任検事は情報を集約して現場に指示を飛ばす。佐藤の取り調べ担当の検事も細切れで中断しては主任検事に経過を報告し、指示を仰いではまた聴き取りに戻ることを繰り返す。伝令のように廊下を何度も往復しながら被疑者に次に何をぶつけ、何を引き出すのかを考える――それが検事の取り調べの実際だ。

検事は五分ほどして戻ってくると、今度は前置きせず本題に切り込んだ。

「ところで佐藤さん、〈サンピエトロ〉の金がどこに行ったのか、あなたは知っていますよね」

――〈サンピエトロ〉の金……やはりその話か。

佐藤はこの話がくることをある程度予測していた。

＊

「佐藤さん、喜んでくれ。みずほ銀行からプロパーの融資が出た」

井原が弾んだ声で電話してきたのは、〈イハラ〉のコンサル担当になってしばらく経った平成十七年春頃だったと佐藤は記憶している。

そんなことはあり得ないと佐藤は耳を疑った。その頃佐藤は〈イハラ〉に資金調達の道を開くため、三井住友や東京三菱など数行と融資交渉を進めていたが、みずほとの交渉にはまったくタッチしていなかった。〈イハラ〉のような小さな会社が付き合いのない銀行からいきなりプロパーの融資を受けられるなど、まず考えられないことだ。

ところが井原によると、ある人からみずほ銀行八重洲南口支店の種田という行員を紹介されて、五千万円の短期資金の話がとんとん拍子で決まったのだという。

有頂天の井原に付き添って、佐藤も一緒に八重洲南口支店へ挨拶に出向くことになった。

種田という行員は佐藤の二期後輩にあたるはずだが、初めて見る顔だった。名刺交換した種田は「いい人をつかまえましたね、井原さん。財務に強い人がいてよかった」と如才なく佐藤を持ち上げた。

そのしばらく後、種田は佐藤の古巣の築地支店に栄転となり、〈イハラ〉の担当は別の行員に引き継がれたので、佐藤と種田の接点はなくなった。

再び井原の口から種田の名前が出たのは、二十一年十二月頃だった。

「実は佐藤さん、事後報告になるけど、みずほ銀行の種田さんからいただいたお話で、〈サンピエトロ〉に三億円の融資をしてもらったんですよ」

自慢げな口ぶりだったが、佐藤の驚きは前回どころではなかった。

〈サンピエトロ〉の名前は井原から聞かされていたが、現在は休眠状態のはずだった。休眠会社にいきなり三億もの融資が出ること自体が仰天事だし、融資したのが築地支店だとすれば、さらに信じがたい話だ。

「いいですか、井原さん。銀行には『僚店取引禁止』という掟があって、同じ企業グループが複数の支店から融資を受けてはならないことになっているんです。〈イハラ〉の担当は八重洲南口支店なのに〈サンピエトロ〉が築地支店から融資を受けたとなると、この掟を犯したことになるので、後で絶対問題になりますよ」種田という行員の危うさに尋常でないものを感じ、佐藤は井原に厳しく忠告した。だが、井原は金を借りられたことを喜ぶばかりで、それ以後は佐藤に種田との付き合いについて語らなくなった。この人に言ったらだめだ、うるさいだけだと思われたのだろう――佐藤はそう解釈している。

ただ、佐藤には不思議に思っていたことがあった。

井原はこの頃から、みずほ銀行とのパイプについて、種田よりもっと上の人物との付き合いを自慢のタネにすることがあった。本店上層部や築地支店の上層部の特定の名前をあげて、「先週、○○さんとゴルフに行ってね」とか、「フェラガモの靴とベルトと十万円の商品券を××さんに贈った」などと話していた。

同じ銀行出身の佐藤には、〈イハラ〉ごときの弱小企業の接待に本店上層部が直々に乗り出してくるなどあり得ないことだとしか思えないのだが、現実に「あり得ない」融資が二度も行われたとなると、なにか奥深い背景が裏に隠れているのかもしれない、とも思えた。

とはいっても、佐藤がコンサルとして担当している会社は〈イハラ〉であって〈サンピエトロ〉は担当外なので、この話についてそれ以上詮索する気にはなれなかった。

＊

「〈サンピエトロ〉という会社があることは確かに知っていますが、みずほ銀行からのお金がどこにいったのかは私も知らないんです。逆に検察の力で調べていただきたいぐらいで——」

佐藤が答えると、検事は「そうですかあー」と大げさに残念がってみせた。しかし、全然納得してはいない様子で、じっと佐藤の目を見ながら言った。「私たちは佐藤さんに聞けば金の行方はわかるだろうって皆で期待していたんですよ。本当にご存じないんですか？」

「ええ、本当に知らないんです」

「おかしいなぁ……別に佐藤さんがもらったと言ってるわけじゃないんですよ。お金はどこに行きましたかと聞いてるだけなんです」

「そう言われても、知らないものは知らないとしか……」

佐藤は三億の融資について知っている限りのいきさつを説明した。自分も井原から事後報告で知らされただけで、その辺の話になると井原はあまり詳しく話してくれなくなったため、こちらが知りたいぐらいなのだと訴えた。

検事は相槌を打ちながら、白い紙に細かい文字で淡々とメモを取っていった。一通り話を聞くと「しばらく待っていてください」と言ってまた席を立ってしまった。

検事は終始ソフトな物腰で、否定されても頭から怒鳴りつけたり粘ったりはせず、その場はあっさり引き下がることが多かった。引き下がって別の話題に切り替えるが、しばらくすると別の角度からまた同じ話を蒸し返し、いつのまにか「嘘」を突き崩そうとしている——そういうクレバーな取り調べのやり方だった。

しかしながら、この話はどこまでいっても水掛け論が続くだけだった。

午後になってから検事は、佐藤の携帯電話に残されていた受信メールの文面を示して「これは何ですか？」と質《ただ》した。

そのメールの発信者は佐藤の会社の同僚で、発信日は前年の年末――ちょうど種田事件の強制捜査が世間をにぎわせていた頃のものだった。文面は短く、同僚のマンションの入り口にある不在時配達物の保管用ロッカーの暗証番号を佐藤に知らせてきた内容だった。つまり、この時期に佐藤は人に何かを預けるか受け取るかするために暗証番号を教えてもらったことを示しており、もしや――と検事は考えたわけだ。

佐藤は苦笑しながら答えた。「残念ながらそれはお金じゃなくて、日本酒の一升瓶だったんです。正月に飲もうと思って酒屋で買ったのですが、帰宅する途中で急用ができたので近くに住んでいる同僚に預かってもらい、後で引き取りに行くときのために暗証番号を教えてもらったので――」

同じ頃、佐藤の妻も捜索現場で事務官から追及されていた。

「奥さん、銀行の貸金庫かなにかを契約していますね」

「いえ、してませんけど……」

「隠してますね。あなたが知らないわけないでしょ」

妻はわけがわからず、首を横に振り続けるしかなかった。

こんな調子で隠し金の追及は空回りし続けた。

検事は〈サンピエトロ〉の三億円はともかくとして、佐藤が井原から個人的に金銭を受け取ったことがないかについても追及した。佐藤は一切ないと答えた。

井原の取り調べでも裏が取れたらしく、この後上司の部屋から戻ってきた検事は開口一番、残念そうな顔で言った。「まいったなあ、佐藤さん。あなたが一千万だけでももらっていてくれたら簡単だったのになあ……」

あまりに身勝手な言い方だったので佐藤の印象に強く残った台詞《せりふ》だ。


この日の佐藤に対する取り調べ内容をみると、特捜部は初めから二段構えで佐藤の捜査に臨んでいたことがわかる。

第一は〈サンピエトロ〉の消えた三億円、もしくは〈イハラ〉の使途不明金の行方に佐藤が関与しているのではないかという疑いについて。

そして、この見立てが外れだったことが次第にはっきりしていくと、検事は第二の疑惑である〈イハラ〉の粉飾決算への関与に追及の矛先を移した。

悪徳コンサルタントである佐藤真言は〈イハラ〉をはじめとした複数の企業に粉飾決算を指南して融資を受けさせ、その上前をキックバックとしてはねてきたはずだ――というシナリオだ。

検事は単刀直入に訊ねた。「佐藤さん、〈イハラ〉は粉飾決算をして銀行から融資を受けてきたのではありませんか」

「はい、それは事実です」

「……あら、もう認めるんですか」検事は拍子抜けした様子だった。認めるとは思っていなかったようだ。

「ええ、認めますが……」佐藤も開き直るつもりはなかったが、顧客の会社を助けるためにはこれしかないと自分なりの信念に基づいてやってきたことであり、心に疚《やま》しさはないというのが当時の正直な気持ちだった。

検事はこの機を逃すまいと一気に畳み掛けた。

「そしてあなたは、その粉飾決算に関与してきた——これも認めますか」

「はい、認めます——ですが検事さん、私は種田さんと違って、そうしたことによる謝礼は一度も受け取っていませんし、それよりも今の金融システムで中小企業が生き延びるためにやむにやまれず粉飾決算をしているのが現実で……」

検事は佐藤が認めたことをさっそく上司に報告に走り、それからこの供述を調書にまとめる作業に急ぎ取り掛かった。

「私は井原社長の求めに応じて〈イハラ〉の決算書の粉飾に協力し、それを使って金融機関から資金を調達することに力を尽くしてまいりました」——詐欺罪を構成する核心部分を大まかに認めさせた内容の短い調書だ。佐藤はこの調書の末尾に署名捺印した。

佐藤の取り調べを割り振られた検事は、初日から被疑者を「落とした」のだからお手柄ということになっただろう。

特捜部にとって、強制捜査に踏み切ったその日の任意調べでどこまでホシを叩いて口を割らせることができるかは、捜査全体の行方を左右するといっていいほど重要な問題だ。初日の調べを終えてホシを一歩外に出してしまえば、途端に関係者間の口裏合わせや口封じが始まることになる。翌日以降に追及しても事実はすでに歪められてしまっていると考えるべきなので、初日のうちにネタはすべて上がっているぞと臭わせて重要な供述を可能な限り引き出しておく——これが捜査の鉄則だ。

ただし、この日作成された調書はそのまま裁判の証拠として法廷に出すためのものではない。戦場でいえば最前線に築いた橋頭堡《きょうとうほ》のようなもので、これを足場にさらに具体的な内容を聞き出していき、最終的な供述調書は逮捕後にビデオ録画をしながら作成することになる。

こうして、佐藤真言を的にした長い捜査の口火は切られた。

粉飾企業は一掃すべし

佐藤が取り調べから解放されたのは日も暮れた午後七時過ぎだった。彼はまず社長の河本と連絡を取るため公衆電話を探し回らねばならなかった。押収されてしまった携帯電話がいかに便利な文明の利器だったのかを痛感させられていた。

河本とは会社近くの四谷の飲み屋で落ち合うことになった。

佐藤が地下鉄で駆けつけると、店には〈Z社〉の取締役全員が顔を揃えて待っていた。

八年前に河本と佐藤の二人で立ち上げた〈Z社〉にはその後、新たに四人の仲間が取締役として迎えられていた。うち三人はやはり元銀行員で、佐藤らと同じように金融検査マニュアルの壁にぶつかり、中小企業に手を差し伸べない銀行に矛盾を感じて転身した口だ。もう一人も含め、それぞれが中小企業の置かれた状況に憤りを抱き、駆け込んでくる社長たちを助ける仕事にやりがいを感じている同志たちだった。

そして全員が必然的に、粉飾決算という現代の必要悪と関わりを持つことになっていた。

「おう、まことちゃん、お疲れさん」どんなときも鷹揚《おうよう》に構える河本が、まるで何事もなかったような顔で声をかけてきた。何があったのか早く訊きたいはずなのに、まったく質問を発しないのは佐藤を気遣ってのことらしい。

ほかの役員たちは動揺を隠せずにいた。会社の家宅捜索は佐藤のデスクだけが対象にされたのではなく、そのとき在社していた者全員がパソコンや携帯などを押収されてしまったのだという。特捜部がそれらのパソコンに蓄積されたデータを分析すれば、顧客企業の粉飾決算はすべて手に取るように把握できるだろう。

空いた席に腰を落ち着けた佐藤がまず、取り調べの経過を皆に報告して、それから全員で今後どうすべきかを話し合った。

「僕はやはり、嘘はつかない方がいいと思う。真実を説明してわかってもらうように努力すべきだと思う」翌日も取り調べに呼ばれている佐藤が言った。

「そうだな。どうせ隠したってわかることなんだろうし、俺らは間違ったことはしてないんだから、正々堂々と話をしよう」一人が言うと、皆も頷いた。

暗い顔の佐藤に河本が言った。「大丈夫だよ。捕まるとしたら社長の俺だから」

佐藤は顔だけ笑ってみせたが、内心は考えていた。――あなたがそう思っても、筋書きを決めるのは特捜部なのだ。そしてその特捜部は、我々が思うほど現実社会の姿が見えていないように思えるのだ。

検事の顔が佐藤の頭をよぎった。

今日午後の取調室で、中小企業はなぜ粉飾をせざるを得ないのか、自分はなぜそれに手を貸してきたのかについて、佐藤は何度か検事に語ろうとした。検事がやっと耳を貸してくれたのは、予定された取り調べが一通り終わってからだった。

すべての家宅捜索が終了したという連絡がくるまでは外に出すわけにはいかないとのことで、佐藤はそのまま取調室に足止めされていた。ブラインドを閉じた窓の外はもう暮色に染まっていた。この機を逃すまいと佐藤は語り始めた。

「検事さん、粉飾決算をしている会社は現在かなりの数にのぼりますが、それらの会社の大半は、なにも銀行を騙してお金を巻き上げてやろうと考えているわけではないんです。大半の経営者は真面目に融資金を事業資金に充てて収益を上げ、借りたお金を返済して、なんとか泥沼から抜け出すために必死でもがいているんです――」

検事は黙って拝聴する姿勢になった。

「今の金融システムは人を信じず、数字だけを信じろと強制するものです。赤字や債務超過の会社にどれだけ将来性があろうと銀行はお金を貸してはならない。新規融資どころか折り返し融資すら出せない。会社は毎月返して減らした借入分すら借りられない。そうなると中小企業側としては、じゃあ赤字じゃなければいいのか、ということになります。やはりそういう発想になってしまう。それは人間の自然な発想で、コンサルが入ってやらせるとかいうことではありません。大方の中小企業経営者はまっとうな生き方をしたいけれど、生き抜くために粉飾をするしかないんです。それをやらずに生きていく方法があるのかというと、ない、というのが現実なんですから、非常にやむにやまれぬものがあるんです」

「……いやあ、でも、だからといって粉飾しちゃったらだめでしょう。本当の姿をさらしたら銀行はお金を貸さない、だから嘘をついてお金を引き出す――これを詐欺というんですよ。違いますか」

「ですけど、粉飾をしながら会社を建て直して、ついに利益が出る体質になって蘇ったという例もたくさんあるんですよ。そうなれば銀行にとっても喜ばしい結果です。銀行が被害者だとおっしゃいますが、私に言わせれば、問題があるのは今の金融行政や銀行の方です。今の銀行はリスクを負ってはならない。だから中小企業は粉飾に追いやられる。これは社会的なひずみです」

検事は、受けて立とうじゃないかという顔で座りなおした。

「いいですか。赤字や債務超過が続いている時点でその会社は実は破綻しているわけだ。その会社を生きながらえさせたらどうなります？　破綻を隠しながら借金をする、そのお金で借金を返しながらまた借金を重ねる。これを自転車操業というんですよね。〈イハラ〉がそうでしょう」

検事は〈イハラ〉の捜査資料のファイルを指しながら言った。

〈イハラ〉を俎上《そじょう》に載せられると、佐藤の分が悪くなる。

今思えば〈イハラ〉は佐藤の担当企業の中でも胸を張って語れないケースの筆頭だった。そういう会社が目に留まったからこそ検察は切り込んできたのだろうということに思い当たる。井原とて、二、三年前までは銀行に返さないつもりで借りていたわけではなかったはずだと佐藤は断言できるが、会社を畳みにかかった最後の半年ほどの振る舞いは、さすがに擁護しにくかった。今日の取り調べの中で検事から、井原の計画倒産に向けた工作など、これまで知らなかった部分をいくつか聞かされて、その都度佐藤は耳を疑うことになったのだ。そういう会社に手を貸してきた自分の立場がいかに危ういものだったのかを改めて思い知らされていた。

「そういう会社に粉飾しちゃだめだよと指導するのが佐藤さん、あなたのすべきことだったはずです。あなたは顧客企業の粉飾決算を知った時点で速やかに、銀行にすべてをさらけ出させ、リスケをさせてやる――それがあるべき姿だったんじゃないですか」

「それは確かに……しかし、すべての会社に即座に実態を表に出させるようなことをすれば、倒産してしまう会社が続出します。それはハードランディングです。ソフトランディングさせてあげるべき会社もたくさんあります。粉飾決算を続けながらでも銀行借入額を少しずつ減らしていった例はたくさん――」

「その考え方がおかしい。粉飾をしている会社は倒産して当然なのではないですか。なにしろ実態は破綻なんですから」

「そんな……」検事の言葉に佐藤は愕然とした。

粉飾をしている会社はすべて潰れてしかるべきなのだと検事は言い切った。それはあまりにも教科書的な考え方だと佐藤は感じていた。現実に目を向ければ、財務会計の教科書通りにいかないことはたくさんある。

　この狭い部屋の窓の外では無数の会社が営みを続けている。びくびく怯えながら銀行に決算書を出す経営者がいる。今月は返済できるだろうかと頭を悩ます社長がいる。銀行に追い詰められて首を吊る社長さえいる。しかし、検事はこの取調室の中だけで現実を切り取って、善と悪を選り分けている。あまりにも狭い考え方をして。それが法を司る者たちの常識なのか。

「……でも、私としてはやはり、目の前にいる社長たちに『事業を続けたい、従業員を食わせていきたい』と言われれば、人間としてただ突き放してしまうようなことは――」

「人間として、ですか？　あなたは人間であると同時に経営者を指導するコンサルタントでしょう？　元は銀行員だったんでしょう？　情にほだされたというなら、それはあなたの弱さだ。倒産する姿を見たくないから、経営者たちに法を犯せと指導してきたことになる」

「確かに……それが私の弱さだったと言われれば否定できませんが……」

検事と闘わせた論争は平行線をたどるだけで、最後はこちらが反省の弁を述べさせられていた。つねにソフトランディングさせることを第一義として考えてきた自分は確かに、少し甘かったのかもしれない——そう自問させられていた。

しかし、後でよく考えてみるとこの論争は、佐藤とその同僚たちにとって仕事の本質そのものに関わる重大な問題だった。それを検事に言下に否定されてしまったことはとてつもなく大きい。黒字にしないと中小企業は生き残れない。金を借りられず将来性のある会社が潰れていくのを自分たちは座視するしかないというのか。

気になるのは、今日の取り調べが〈イハラ〉の話のみに終始しなかったことだ。検事は途中で〈イハラ〉の話題を離れ、佐藤が担当している他の十五社の経営状態についても詳しく説明してほしいと求めてきた。十五社のうち正常な会社は少数派で、粉飾決算をしている会社と粉飾をやめてリスケをしている会社が半々といったところだった。無論、その事実を明かすことには抵抗があったが、パソコンに蓄積されたデータは検事の手にあるので、実態を問われれば正直に答えるほかに道はなかった。

検事は一社ずつ佐藤に経営状態を説明させて、淡々とメモ用紙を文字で埋めていった。その姿が今になってとても不気味に思える。特捜部はどこまでやるつもりなんだろう。ほかのお客さんに累が及ぶことだけは絶対にやめてほしいが……。

自問しても答えは出なかった。

四谷駅で同僚たちと別れた後、どっと疲れが押し寄せてきた。

佐藤はこの夜、井原に電話する気にはなれなかった。井原とは半年余り前から音信不通だったが、今夜は詫びの一言ぐらいあってもいいのではないか、とも思った。だが、井原の方からも連絡はこなかった。この夜以降も音信不通はずっと続いた。

砂の城

この夜、特捜検事たちの執務室が連なる庁舎九階は深夜まで明かりが灯り続けた。中では、捜索現場から運び込まれた押収物の分析や報告書の作成、佐藤と井原の供述内容の突き合わせなどの作業が行われていた。こうして二日目の取り調べに向けて次に追及する材料を周到に準備しておいて朝を待つというのが強制捜査の夜の通例なのだ。

しかし、この夜の特捜部は予想外の壁にぶつかり、捜査方針の修正を余儀なくされていた。最大の誤算は、当然あると考えていた粉飾企業から佐藤個人への金銭がまったくなかったことだ。

詐欺罪は人を騙して金銭を掠め取るという犯罪なのだから、そこに利得がなければ当然成立しない。それなのに、〈イハラ〉から支払われたものはすべて佐藤の会社〈Z社〉の口座に送金されていただけで、それ以外の顧客企業からも佐藤に金銭が渡った形跡はなかった。佐藤個人に一円の利得もなかったとなれば、この詐欺事件における佐藤の位置付けは首謀者どころか幇助《ほうじょ》した「従犯」に格下げということになる。

ところが、それぐらいのことで簡単に引き下がりはしないのが特捜部の伝統だった。壁があれば、それを乗り越える道はないかと知恵を絞る。

特捜部はこの時点でまだ、佐藤を種田正人と同類の悪質なコンサルタントとみなしていた。現に、強制捜査に踏み切った結果、佐藤が〈イハラ〉を含む複数の担当企業の粉飾決算に関わってきたことは確認できたのだ。粉飾決算に協力し、資金調達に手を貸してやりながら一円の対価も要求しないという、そんな奇特なコンサルタントがこの世に存在するなどということが特捜部には理解できなかったのだろう。――直接の対価がないのなら、ほかに何か利得があるはずだ。特捜部は〈イハラ〉から支払われた金の流れを徹底的に洗った。

そして、事件のストーリーは次のようなものに修正された。

直接の利得は確かにないが、〈イハラ〉は〈Z社〉にコンサル料を支払い続けてきており、そして佐藤は〈Z社〉から役員報酬をもらい続けてきた。つまり、会社を通して得る間接的な利益が犯行の目的だったはずだ。

こんな筋立てだ。〈Z社〉の顧客企業の多くは粉飾決算をやめれば早晩倒産してしまうような状態で、それを放置すれば〈Z社〉は収入が激減し、経営危機に瀕《ひん》することになる。そこで佐藤は顧客企業に粉飾決算を推奨し、会社延命の謝礼としてコンサル料を〈Z社〉に支払わせてきた。こうして〈Z社〉の経営は安定し、佐藤は役員報酬をもらい続けることができた。つまり、佐藤一人でなく〈Z社〉自体が業として中小企業に粉飾決算の害毒を撒き散らす〝詐欺株式会社〟だという見立てだ。

しかし、佐藤の担当先を含む〈Z社〉の顧客九十社の中には確かに粉飾決算をしている会社が複数あったが、それより多くの会社は既に粉飾をやめて銀行にリスケを申し入れ、再生の途に就いている状態だった。そして、それらの会社も同じ金額のコンサル料を支払っているのだから、特捜部の筋書きには大きな無理があった。とはいえ、特捜部の目にはこの時点で〈イハラ〉しか見えていなかったようだ。〈イハラ〉には多額の使途不明金があり、計画倒産を目論んだ形跡もあるため、佐藤がこれらを指南して〈イハラ〉への融資金を食い物にしてきたと考えていた。

特捜部はこれ以降、この線で捜査を組み立てていく。そして次々と誤算にぶつかり、捜査は無理に無理を重ねるものへと変質していく。

任意取り調べの二日目、佐藤は顧客との打ち合わせを終えてから午後二時に地検に出頭した。なにしろ検事は押収した佐藤のスケジュール帳を見ながら「結構予定が詰まってますねぇ。じゃあ明日は二時に来てください」と指定してくるのだから断りようがないのだ。

前日あれほど追及された〈サンピエトロ〉の消えた三億円についての話は沙汰やみになり、検事は攻め口を変えてきた。

「佐藤さん、これを見てください」検事はＡ４サイズの紙を佐藤に示した。それは〈イハラ〉から〈Z社〉への送金を一覧表にまとめたものだと検事は説明した。

送金はコンサル契約を結んだ平成十七年二月に始まり、金額は二十一年一月までは毎月末に十五万円ずつ、翌月からは月二十万円ずつに増額されていた。

「佐藤さん、〈イハラ〉のように粉飾決算をするほど経営が苦しい会社に月十五万とか二十万の支払いを強いるというのは随分酷なことではないですか」

「いえ……それはお客さんの受け止め方次第ですが、私どもとしては一人で苦戦している中小企業の経営者たちにそれだけのサービスを提供する対価としていただいているわけで――」

「サービスの対価ですか。そのサービスに粉飾決算による資金調達も含まれたわけですね――で、二十一年から二十万円に増額させたのはなぜです?」

「それは井原さんからの申し出でした。おかげさまでこれから売上が伸びていくことになったからと。もともと私どもの会社のコンサルタント料は月三十万円が基本なんですが、井原さんはそんなに支払えないというので半額にしていた経緯がありまして」

「では、こちらのスポット相談料の名目で支払わせた金は何です?」

一覧表を見ると、毎月末の定額のコンサル料のほかに「スポット相談料」として不定期に支払われたものが混ざっていた。それらを拾い出すと、

二十一年三月　十万円
　　　九月　三十万円
二十二年三月　二十万円
　　　五月　三十万円
　　　八月　二十万円
　　　九月　十万円

計六回で合計百二十万円。時期は〈イハラ〉の末期の二年間に集中していた。

「これらは、銀行から融資を引き出してあげたことに対する成功報酬としてあなたが要求したんじゃないですか?」検事の目が険を含んでいた。

「とんでもない。それらもこちらから求めたものではありません。井原さんがその都度、いつもお世話になっているお礼ということで、請求を回してくださいと申し出てくださって……。私としても相手の懐事情は知っておりますから、こちらから月額とは別に払ってくださいとは言いにくいものです」

「でも、見てください、四回目の三十万円を払わせたのは二十二年五月です。翌月に〈イハラ〉は銀行から最後の融資を受けている。金額は三千万円でしたよね。ちょうど一パーセントの成功報酬だ」

検事が言いたいのはこういうことだ。〈Z社〉は顧客の粉飾決算を請け負う対価として定額のコンサル料を毎月徴収し、さらに資金調達に成功すると、その報酬をスポット相談料の名目で支払わせてきた。ただし、他の五回の支払い時期は資金調達の時期と符合しなかったのが検事にとっては泣き所だった。

「それは誤解です……さっき申しましたように、〈イハラ〉のコンサル料は本来三十万円のところまだ二十万円で、井原さんは申し訳なさを感じていたようで、何度か賞与的に支払いを申し出てくださったんです。それに、実際のところ私は、支払っていただく金額の多寡で仕事の内容を変えたことはありません。調べていただければわかるはずですが、月五万円しか払えないというお客でも、井原さんと同等以上に力を尽くしてきたんです」

佐藤は懸命に主張した。報酬の増額もスポット相談料もすべて井原の自発的なものだったということの説明は、別室で追及されている井原の供述でも裏が取れたようだ。検事は何度か中座して上司の指示を仰いだ後、とりあえず今回は佐藤の主張を認めておくと追及を諦めた。そもそも、千万単位の資金調達に貢献したことに対する成功報酬が十万から三十万円だったとは、一般社会の常識からするとあまりにもみみっちいストーリーだった。

追及はさらに空回りが続く。検事は佐藤が〈Z社〉から受け取る役員報酬についても質問した。

「佐藤さん、〈Z社〉には歩合や成果給のようなものがあるでしょう?」

「いいえ、定額の報酬だけなんです。うちは社長の河本を除く役員五人が全員同額の報酬にしています。調べていただければわかるはずです」

この点も捜査の結果、すぐに裏付けが取られる。しかも、役員報酬は三年前の夏までは入社順で差をつけていたため、佐藤が河本に次ぐ手取り額だったのに、佐藤自身の発案によって減額し、全員同額にした経緯があった。役員たちの発奮を促すのが目的だったという。〈Z社〉にはボーナスもなく、役員の年収は同年代サラリーマンの平均と比較すると「やや上」、メガバンクの同年代行員と比べると「かなり下」といった水準だった。

すべてはカネ目当てだったというストーリーにしたい特捜部にとっては、またしても都合の悪い材料が出てきたわけだ。

さらに、〈イハラ〉の粉飾決算などで佐藤が果たした役割についても、判明する事実は次々と検事の期待を裏切った。

一つは、井原が佐藤と出会う前から独力で粉飾決算をしていたことだ。井原は平成四年、叔父の紳士靴輸入会社から独立する形で〈イハラ〉を設立したが、中小企業に厳しい風が吹き荒れた平成十年代半ば、資金難にあえぎ、ついに十六年、売上高を水増しした決算書を自力で作って銀行に提出していた。佐藤と出会ったのはその翌年で、十七年以降は佐藤が粉飾に関与している。しかし、二人の関係は佐藤が首謀者とは言いがたいものだった。

毎年の粉飾はこんな流れで行われていた。まず、井原のもとに税理士が作成した決算書原案が届くと、井原が売上高と経常利益をいくら水増しするか端数まで決めて税理士に修正を指示する。こうして修正された決算書に佐藤が手を加えて完成させるが、佐藤の役目は、銀行が融資判断をする際に注目する項目を良くするよう調整することだった。つまり、数字をどんとかさ上げする大枠は井原が決めて、あちらを減らしてこちらを増やすという「化粧直し」は佐藤に任されていたわけだ。

また、佐藤が井原に粉飾をやめて銀行にリスケを求めるよう何度も勧めていたことも特捜部にとっては大誤算だった。以下、検察の捜査資料や佐藤の説明をもとに経過を再現する。

「佐藤さん、これから〇〇（大手商社）との取引が増えるので、できるだけ多く資金調達したいんです」井原は最初の年、熱っぽくこう説いて佐藤に協力を求めたという。

佐藤の目に当初〈イハラ〉は「いまどき恵まれた会社」と映っていた。というのは、〈イハラ〉は欧州からの高級紳士靴の輸入販売を主な業務とうたっているが、実際は関税割当制度（輸入品にかかる関税を一定枠内に限り安くする制度）の輸入枠を商社に貸すことで本業より大きな利益を上げていた。枠を貸すだけでお金が入る手数料商売なのだから、大きな元手をかけずに安定収入が見込める。人の褌で相撲をとりながら会社を建て直していけるのだから、この会社は再生可能と考えていたわけだ。

ところが井原はリストラに消極的だった。銀座の表通りに面したビル最上階のオフィスから移転することは頑として拒み続け、使途不明金も一向に減らさなかった。毎月のように社長である自分に対する貸付金の名目で会社の口座からお金を引き出し、これをどこに使っているかが判然としないのだ。佐藤と税理士が二人がかりで苦言を繰り返したが、この「社長貸付金」の残高は年々増え続け、平成二十年には一億円余りに達していた。

「佐藤さん、大丈夫だから。今期は儲かるから——」井原は毎年そう言い続けたが、ふたを開ければ赤字か赤字スレスレの繰り返しだった。佐藤にとって四年目となる二十年一月期の決算では、ついに銀行借入額が四億円近くに達してしまった。これ以上借りても返済できなくなるだけなので、佐藤はついに申し渡した。「社長、そろそろ限界です。リスケを検討してください」

だが、井原はこれを拒否。「これからどんどん良くなるから。大手商社との取引も伸びて必ず利益が出るから」

この平成二十年は、多くの銀行が中小企業に対する融資姿勢を一層厳しくした年だった。ビジネスローンの融資金の多くが不良債権化したことが背景にあり、多くの中小企業が悲鳴を上げていた。こうした情勢から佐藤はこの時期以降、井原に対し、ことあるごとに言い続ける。「リスケをしたうえで銀座から移転し、無駄遣いをやめれば〈イハラ〉は生き残れます」

しかし、井原は頭を垂れ、「申し訳ない。私もいい会社にしたいんだ。頑張るから、もう一年だけ付き合ってくれ」

この頃を境に、佐藤は井原と距離を置くようになっていく。中小企業を守るんだと鼻息荒かった彼だが、苦言に耳を貸さず調子のいいことばかり言う井原には、そろそろ愛想が尽きかけていた。最低限の仕事は続けたが、二十一年になると銀座の〈イハラ〉のオフィスにはあまり顔を出さなくなる。

この年から朝倉亭との二人三脚が始まったこともあった。くそ真面目に経営と向き合う朝倉の方が、井原より何倍も支え甲斐があっただろう。

井原としては面白くなかったようだ。以前は何くれとなく助言してくれた佐藤がぱったりと現れなくなり、現れても「リスケをしろ」「支出を減らせ」と口うるさく言うだけなので、これは手抜きだ、仕事が雑になっていると不満に思っていたようだ。

井原がコンサル料を月二十万に増額したのはちょうどこの時期で、何とか佐藤を繋ぎ止めようとしたものだった。「この頃、佐藤さんが忙しそうにしていて〈イハラ〉に時間を割いてくれなくなったため、しっかりやってもらおうと思って私から増額を申し出たものだったと記憶しています」（井原の供述）

危機感を募らせた井原は平成二十年以降、佐藤に対しても実際より経営状態をよく見せかける偽装工作をしている。

その一つは「社長貸付金」の解消を装った経理処理だ。井原は二十一年、種田の力で〈サンピエトロ〉に入った不正融資金を一時的に〈イハラ〉に入れる形で社長貸付金の残高をゼロにしていた。この処理は佐藤に内緒で行われており、浪費をやめろと口を酸っぱくする佐藤をなだめるためだったとみられる。

もう一つは、もっとあからさまに佐藤を騙すやり方だった。

井原は親しい取引先の社長と密約を結び、二十年から二十二年にかけて〈イハラ〉の口座に余剰資金をいったん振り込んでもらってから数日後に利息を加えて返金するというお金のキャッチボールを繰り返していた。一時的に〈イハラ〉に入ったお金は計十三回で合計三億五千万円にのぼった。こうしたお金のキャッチボールは多くの企業が銀行に対して取引を大きく見せるために時折やることだが、通常はこの入金額を決算の際に売上金として計上することはない。ところが井原はこの三億五千万円をすべて売上金に計上していた。そして、このキャッチボールのことを佐藤には内緒にしていた。つまり、佐藤に対しても粉飾していたわけだ。

ややこしいので、最後の決算となった二十二年一月期を例に説明しよう。この期の実際の売上高は約四億円だったが、この期のキャッチボールによる入金額は約一億五千万円で、これを加えた約五億五千万円が、税理士が最初に作成する決算書原案の数字となった。そして井原はさらに約三億円の水増しをするよう税理士に指示し、佐藤もこれを了承していた。こうして出来上がった決算書の売上高は約八億五千万円だった。

佐藤は約五億五千万円が真の売上高だったと信じており、この不況下でこれだけ売上が出るんだから、もっと真剣にリストラをやれば改善するのにと不満を募らせていたわけだ。

検事としては、このお金のキャッチボールのことを佐藤が知らされていなかったということだけは容易に受け容れられなかった。それを認めてしまうと佐藤首謀のシナリオは大きく傷つくことになるからだ。

検事は珍しく声を荒らげて佐藤を詰問した。「あなたが知らないはずないでしょう!」

だが、佐藤はこの話を聞かされて驚き、井原に対して憤慨するばかりで、「知らなかった」と主張したから、押し問答が延々と続いた。

最後に検事は上司の部屋へ報告に行き、戻ってくると「佐藤さんは知らなかったということでわかりました」とついに折れた。井原の取り調べでも佐藤に内緒にしていたことがわかり、進退窮まった形だった。

井原の計画倒産の目論見についての捜査でも、特捜部の見立て違いはさらに鮮明になっていく。

井原は平成二十二年初め頃、毎月約三千万円にまで膨らんだ銀行返済にとうとう音を上げ、水面下で会社を畳む算段を始めていた。手放したくない財産を隠しておいた上で会社を破産させ、事業は別会社に継承させようという破産法違反になりかねないやり方だった。

知人名義で貸倉庫を契約してもらい、〈イハラ〉の在庫商品を隠蔽したほか、銀座のオフィスも知人名義に契約変更し、一時的にここを引き払う。会社の現金約一億七千万円を仮払いで引き出して裏金化する。すべては破産管財人に見つからずに事業や資産を別会社に継承させるための工作だった。

そしてこの年六月、最後の資金調達となる三千万円の保証付き融資を受けた後、ついに佐藤の進言を受け容れて銀行とのリスケ交渉を佐藤に依頼。この交渉がまとまった九月中旬、佐藤に「あとは弁護士に頼むことにするので」と告げ、〈Z社〉との契約を打ち切る。今後は弁護士に委ねて会社を破産させるので、あなたは手を引いてもらっていいと佐藤をお払い箱にしたわけだ。

しかし、この破産申し立ての計画は、弁護士が多額の使途不明金にあきれ果てて「これでは管財人が納得しない」と拒否したため、お流れとなる。そうこうしている間にマルサと特捜部が種田事件の捜査で井原のもとに手を伸ばしてきたため、この目論見は時間切れで潰え去る結果となっていた。

特捜部はこの一連の動きを外形的に見て、コンサルタントの佐藤が財産隠しや計画倒産のスキームをすべて指南したはずだと見ていた。そしてまた、取調室で空回りの押し問答が延々と続くことになる。

「佐藤さん、遅くともリスケの交渉前の時点であなたは破産申し立ての計画を知っていたとしか思えませんよ」

「とんでもありません。私は突然『後は弁護士に頼む』と言われてわけがわからず驚いたんです」

だが、この追及も徐々に検事の分が悪くなっていく。決定的だったのは、捜査の結果、井原の背後にもう一人、別のコンサルタントの存在が浮かんだことだった。

井原は〈Z社〉とは別の中小企業向けコンサルタントと契約しており、事業継承会社と自分との接点を隠すため、このコンサルタントの事務所に事業継承会社の所在地を移転したり、手放したくない個人資産をこのコンサルタントに譲渡した形にして名義変更したりと、財産隠しに協力してもらっていた。

つまり、井原は巧みに人を使い分けていたわけだ。銀行との交渉には佐藤を最大限活用し、財産隠しのための危ない仕事には、そうしたことを厭わない別のコンサルを使っていた。井原が〈Z社〉に支払ったコンサル料は月二十万円だったが、こちらのコンサル料は月三十万円だった。

検事が最終的に、財産隠しや計画倒産に佐藤が無関係だったことを認めて追及をやめるのは、二ヵ月後に佐藤らを逮捕してからのことだった。


特捜部の佐藤真言に対する任意の取り調べは、強制捜査をした七月六日から連続三日間行われ、ここでいったん打ち切られた。この時点で特捜部の見立てのストーリーは既に、砂の城のように少しずつ崩れだす予兆が出ていたはずだ。

強制捜査の結果、確かに〈イハラ〉の粉飾決算や計画倒産の画策は確認できた。計画倒産は完遂していないので罪に問えないが、粉飾決算による最後の調達資金は大半が未返済のままなので詐欺の罪に問うことができる見通しとなった。また、〈Z社〉は〈イハラ〉のほかにも粉飾決算をしている顧客企業を複数抱えていることも確認できた。特捜部は粉飾企業を芋づる式で掘り当てることに成功したわけだ。

しかし、それだけではまだ不足だった。特捜部にとってこの事件の捜査は、あくまでコンサルタントが首謀者であり、種田正人のように悪事の絵はすべてコンサルタントが描いて中小企業経営者に従わせてきたという図式でなければ成り立たないものだった。そうでないと、個別の中小企業による粉飾決算事件ということになり、それだけの話なら世間にいくらでもあるからだ。その中から天下の特捜部がいくつかを取り上げて逮捕するためには、よほど特殊な事情があるケースでなければならなかった。種田と同類の悪徳コンサルがどうしても必要だったわけだ。しかし、ここまでの捜査で佐藤にそれを重ね合わせるのは無理があった。

後に検察幹部はこう語っている。「個別の中小企業が粉飾決算で赤を黒に変えて資金調達するというだけだったら、今のご時世ではよくある話で、警察でもわざわざ捜査する気にはならない話だ。この事件は半年前の種田事件に続いて、悪質なコンサルタントがいくつもの中小企業を金儲けの道具に使っていたという図式だからこそ特捜が出る価値があった」

〈イハラ〉の粉飾決算事件というだけだったら、検察上層部から捜査の着手許可はまず下りなかっただろう。強制捜査に踏み切ってしまってから、机上で描いた筋書きとあまりに違う現実に直面させられた特捜部は、振り上げた拳のやり場に困る状態になっていったはずだ。

寝耳に水の強制捜査で一時的な機能停止に陥った〈Z社〉は、それから少しずつ日常を取り戻していった。佐藤は会社の顧問弁護士に対応を相談していたが、弁護士の意見は「佐藤さんが直接の対価を受け取っていないんだから詐欺にはならないですよ。心配する必要はないと思います」といたって楽観的だった。

しかし、それでも佐藤はまだ、暗闇で得体の知れない生き物に睨まれているような感覚を引きずっていた。特捜部は現実に家宅捜索をやり、取り調べでさまざまなことを質問してきたのだ。検事は粉飾決算をする中小企業はすべて潰れてしかるべきだと決め付け、反論に一切耳を貸そうとしなかった。そして、顧客企業の粉飾決算はすべて特捜部に把握されてしまっている。

何より怖いのは〈イハラ〉以外の顧客にまで累が及ぶことだった。それだけはやめてほしいと佐藤は切実に思っていた。〈イハラ〉は既に終わった会社だが、他はどこも懸命に生きようとしている会社ばかりなのだ。

特捜部に撤退はない

くしくも、というべきか、佐藤に対する取り調べ三日目の平成二十三年七月八日は、特捜部の組織を大きく変える重要な発表がされた日でもあった。

検察のトップ、検事総長の笠間治雄がこの日記者会見し、前年から取り組んできた一連の検察改革の仕上げとして、東京、大阪、名古屋の三地検に置かれている特捜部の組織編成を一部改めると発表したのだ。そして、この発表が、その後の佐藤に対する捜査に大きく影響したとみられる。

どのような組織改編なのかを語る前に、それまでの経緯をおさらいしておきたい。

前年の二十二年九月、大阪地検特捜部で、捜査主任を任されていた検事が証拠品を改竄《かいざん》していた事実が発覚した。あらかじめ描いていた事件の筋書きと矛盾する証拠品が見つかり、これがどうしても邪魔になったので、自ら手を加えて内容を変えてしまったというものだ。そして大阪地検は無実の人を起訴していた。こんなことが可能なら検察はどんな人でも自由自在に犯人に仕立て上げられることになる。検察の存立基盤を揺るがす行為であり、衝撃を受けた最高検察庁はただちに証拠隠滅容疑でこの検事を逮捕した。

この未曾有《みぞう》の不祥事によって検察に対する国民の信頼はまさに地に墜ち、特捜検察の危うい体質が一気にクローズアップされた。

最高検は信頼回復のため、事実関係の調査と再発防止策の策定を急ピッチで進めた。

再発防止策がまとまった十二月、検事総長の大林宏が引責辞任し、笠間に後を託した。それまで検察トップの座は法務官僚出身者によって引き継がれてきており、捜査現場出身者である笠間のトップ就任は異例だった。

年が改まると、最高検は再発防止策に盛り込まれた改革を順次進めていく。その第一弾が、先に述べた取り調べの可視化（録音・録画）だ。

それまで特捜部の捜査現場では、恫喝《どうかつ》や利益誘導によって巧みに供述書にサインさせてしまうといったことが「落とし」のテクニックとして受け継がれ、これを厭わない空気があったことは否めない。

特捜部の独自捜査は、現場指揮官にあたる主任検事が全体の筋書きを決め、兵隊の検事たちがこれに沿う証拠を積み重ねていくというやり方で進められる。主任検事はすべての証拠に目を通し、「この事件の筋はこれだ。これに当てはめるように捜査しろ」と指示する。被疑者や参考人の調べを割り振られた検事たちは、求められた絵柄のパズルにピタリとはまる供述調書を取れるかどうかで力量を評価される。そして、難攻不落の相手を見事に落とした検事は「割り屋」として賞賛されてきた。そのためにどんな強引な割り方をしたのかということが、むしろ伝説として語り継がれたりしてきた。そうした傾向は平成十年代以降、特に顕著になってきた感がある。事実の究明よりも、自白調書を取りさえすればいいという考え方が蔓延していた。

「お前は検察を愚弄《ぐろう》するのか！　これを認めないなら、お前だけは何度でも起訴してとことん潰してやるから覚悟しておけ！」

「これを認めてくれないと、あなたの息子さんを追及しなければなりません。息子さんの将来を棒にふることになるんですよ」

「共犯者は全部君が企んだことだと言ってるんだよ。そんなことを言わせておいていいの？　これを認めておいた方が得だよ」

割り屋たちにはそれぞれ得意のスタイルがあった。こうした恫喝や利益誘導によって身に覚えのない自白をしてしまう人は意外と多いのだ。

大阪地検特捜部の不祥事で問題になったのは主任検事による証拠改竄という行為だったが、それよりも根が深いのは、主任検事の部下たちが主任検事の立てた筋書きに沿う内容の供述調書を何本も作成していたことだ。部下たちは事実無根の筋立てについて異論を唱えもせず、複数の参考人を脅しすかしして指示通りの供述調書に署名させていた。

可視化は、こうした落としのテクニックの多くを禁じ手で縛るものだ。

「これでは供述調書の作成を弁護人や裁判官の監視下でやれというのと同じではないか。特捜部の捜査とは、いわば戦いだ。こんなことで捜査などできるか」と、特捜部からは激しい抵抗があった。

前年暮れに大林が自ら身を引く決断をしたのも、改革に対して現場から相当強い抵抗があると予想されたため、特捜部の信望が厚い笠間に改革の実行役を任せるしかないという判断だったといわれる。

これに続く第二の改革は、特捜部の捜査に対する組織内のチェック態勢を重層的に強化しようというものだった。

上級庁の高等検察庁に特捜部のお目付け役となる担当検事を置いて逮捕後の捜査を監視させる。さらに、同じ地検で特捜事件の裁判を担当する公判担当の検事にも捜査段階から証拠などを検討させ、起訴・不起訴の判断に参画させる。特捜部内にも、主任検事が一人で問題を抱え込まないようにするために補佐役の検事を置いて、意思決定に加わらせる。縦、横、身内からの三重のチェックによって、特捜部の独断専行を抑えようというのが狙いだ。これに対して特捜部内からは「チェックを受けるための書類作成が煩雑になり、これでは複雑な事件を捜査できなくなるだけだ」などとブーイングが起こった。

ただし、この監視強化の目的は、あくまで大阪で起きた証拠改竄のような不正行為に対する抑止力としてであって、特捜部の捜査が苛烈な方向に暴走し始めたとき、どれだけブレーキを作動させられるかは疑問視されている。

いくら屋上屋を架す監視体制を設けても、重石となる上級庁に特捜部を止められるだけの人材がいなければ意味はないが、この改革で東京地検特捜部の起訴・不起訴の決定に対する指揮権を与えられたのは東京高検検事長だ。そして、このポストは歴代、捜査経験の少ない法務官僚の指定席なので、その役回りはあまりに荷が重すぎるといわざるを得ない。

要するに、法務官僚出身の大林が立案して笠間に実行させた改革は、ただ特捜部をがんじがらめにして動きにくくするだけのものだった。

以上のような改革を進めた上で、笠間が七月八日に発表した組織改編とは、三ヵ月後の十月一日をめどに特捜部の金看板である独自捜査担当の部隊を半分の人数に縮小するというものだった。

東京地検特捜部には検事が三十～三十五人、副検事や事務官を含めて百数十人が配置され、「特殊・直告第一班」「特殊・直告第二班」「財政経済班」と呼ばれる三つの班で構成されていた。昭和の頃からこの三つの班編成はほぼ不変で、班の名称や役割は何度か微修正されてきたものの大枠は変わらず、三人の副部長がそれぞれの班を受け持ってきた。

この三班のうち、独自捜査を扱うのは「特殊・直告」の二つの班で、「財政経済」は国税局から告発を受ける脱税事件、証券取引等監視委員会が告発する証券犯罪など外部機関からの告発事件を担当してきた。笠間の組織改編は、特捜部全体の人員数を変えず、特殊・直告を一班に減らし、逆に財政経済班を財政班と経済班に分割して倍に拡充するというものだ。

独自捜査とは、外部からの情報提供や告訴・告発、別の事件の捜査過程で浮上した疑惑、マスコミが報じた疑惑などを端緒に解明にあたることだ。検察の役割は警察から送致を受けた事件を補充捜査して起訴・不起訴を決める二次捜査機関が本分だが、特捜部だけは自ら犯罪と疑うものに切り込んで切除する一次捜査機関の役割を与えられてきた。政・官・財の権力の腐敗にメスを入れるという特捜部を特捜部たらしめてきた役割がこの部隊の使命であり、彼らの誇りでもあった。

その使命に常時あたる者を半分に減らし、脱税や証券犯罪など外部機関との連携捜査に専念せよというのが笠間のお達しだ。

近年の特捜部は捜査能力の著しい低下を露呈してきた。十年ほど前から捜査検事育成への偏重を廃する人事制度に変更されたことや、裁判員裁判の導入に対応するための組織改編などによって引き起こされた事態だといわれている。このため、まず脱税や証券犯罪の捜査で足腰を鍛えなおしてから独自捜査に挑んでほしいという差配でもある。

ただし、特捜部は昔から、独自捜査に人手が必要になったときは財政経済班から検事を応援に回すといった形で流動的に人員を動かしてきたので、この組織改編後も大がかりな独自捜査がやれなくなるわけではない。

笠間の真意は独自捜査からの部分撤退ではなく、この改編によって特捜検事たちの傲慢《ごうまん》な意識をいや応なく変えさせたいということにあった。報道によると、笠間は記者会見でこう述べている。

「特捜部には『独自捜査をやってこその特捜部だ』という意識があり、これが大阪地検特捜部の証拠改竄事件につながった」

「『独自捜査をやってこその特捜部だ』という考えには弊害があり、改めなければならない」

「軸足を財政経済事件に移すことで、そういう傲慢な考えをなくしたい」

「独自捜査の意義は変わることはないが、過度の独自捜査優先の考え方は過度のプレッシャーを生みかねない」

特捜部の独自捜査は、目の前に犯罪があるからこれを捜査するという種類のものとは違う。これが社会の病巣であると見立てたものに切り込み、現場は熱くなり、どこまでも執念を燃やして隠された犯罪を掘り起こそうとする。それが客観的な立場から見ると「暴走」としか映らない状況になることが往々にしてあった。

笠間の狙いは「特殊・直告」の看板を常時背負うことのプレッシャーから特捜検事たちを解放することにあった。金看板を背負うプレッシャーが「何かいい事件をやらなければならない」という焦りを生み、あらかじめ描いた筋書きに沿わない現実に直面しても撤退を考えず、強引な捜査手法に走ってしまう——これは大阪地検特捜部の事件だけでなく、近年の東京地検特捜部が繰り返してきた悪しき捜査のパターンだったからだ。大阪の事件はこうした風潮の中で起こるべくして起きたものだった。

前年十二月に最高検が発表した証拠改竄事件の再発防止策では、このようなことがうたわれている。

「当初の見立てに固執することなく、証拠に基づき、その見立てを変更し、また、引き返す勇気を持って、その捜査から撤退することなど、適切な指導および決裁のあり方を周知徹底する」

確かにこれこそが現状の特捜検察に求められる理念だろう。しかし、お題目としてこれを千回唱えるよりも、今回の組織改編の方が意識改革としてはるかに効果が大きいに違いない。

法務大臣が諮問した有識者の会議では、特捜部そのものの縮小論や廃止論、名称変更論などの意見が出ていた。笠間はこれらの民意を背に受けながら、現場の特捜検事たちとも膝詰めで話し合い、考え抜いた末にこの結論を出したのだろう。

東京地方検察庁特別捜査部特殊・直告第二班。

この班の名称は、こうしてあと三ヵ月足らずで消えてなくなることになった。班は解体され、検事たちは新設される財政班、経済班などに振り分けられる運命となった。

特殊・直告第二班はその三ヵ月の間に、なんらかの実績を示さねばならなかった。手枷と足枷をはめられても特捜部はやるではないか、やはり特捜検察はこの国に欠かせない存在だ——と国民に認めてもらうために。

そして、このとき第二班が抱える独自捜査事件のターゲット——それが「悪徳コンサルタント」と目される佐藤真言だった。追いつめられた特殊・直告第二班に「撤退」の二文字はなかった。

グリコのおまけ

朝倉亭の目の前で会社の電話が鳴り続けていた。一台だけではない。あちこちの机でひっきりなしに鳴っているのに、社員たちは誰一人それに出られないのだ。会社が人生のすべてだと言い切る朝倉のような男にとって、これはまさに悪夢のような光景だ。電話の向こうで、何が起きたのかと思案している取引先たちの顔が目に浮かぶ。今日は月曜日だ。夜逃げが発覚するのは圧倒的に月曜が多いという。しかも今は夏。アパレル業界で倒産が最も多い季節だ。ついにあの〈エス・オーインク〉も飛んだのか——今頃業界でそんな噂が飛び交っているに違いない。

私はここにいますよ、会社はちゃんと生きています——朝倉はそう叫びたかったが、それは許されなかった。

これは悪夢ではなく現実だった。そして、朝倉にとっては本物の悪夢のような日々の始まりでもあった。


その日——平成二十三年七月二十五日。朝倉は普段通り朝七時に出社した。月曜はいつも八時から幹部会議、十時から社員・スタッフ全員で朝礼をやることにしている。会議の前に手洗いに立って戻ってみると、オフィスの入り口で部下が見知らぬ男三人の応対をしていた。

「朝倉さん、この人たちが……」部下はひどく困惑していた。

「あなたが社長の朝倉亨さんですね。東京地検特捜部の者です——」

男の一人が言い、書面を示した。「佐藤真言ほか二名　詐欺容疑」と書いてある。家宅捜索の令状だった。

トクソーブ？　トクソーブってあの、政治家を捕まえたりする……？

どう対処すればいいのかわからないまま、「はい、どうぞ」と中に通すしかなかった。何があったのか、なぜここにきたのかと尋ねる暇もなかった。

「全員動かないでください。これ以後、許可なく部屋を出ることは禁止です。外部との連絡も禁止です。電話が鳴っても絶対に取らないこと。パソコンにも手を触れないこと」声を張り上げたリーダー格らしき男は、よほど興奮しているのか顔を真っ赤に紅潮させていた。

その場にいた全員が携帯電話を提出させられた。男たちはすべての窓にブラインドを降ろしていく。リーダー格が朝倉を振り向いて説明した。「私たち特捜部が動けばマスコミがすぐ嗅ぎ付けて群がってきますから、目隠しが必要なんです」とても誇らしげな顔だった。

後続の七人ほどが合流してきて、手分けして捜索を始めた。朝倉のパソコンはもちろん、机の引き出しや周りにあるものは何でも手当たり次第といった感じだ。事業関係の書類は古いものまで片っ端から箱に詰めていく。

そうこうしているうちに社員たちが出勤してきはじめる。朝倉は取締役の一人にオフィスの入り口に立っているよう頼んだ。「今、捜査に協力している。朝礼はできないから、席について待機しているように」と社員たちに指示させた。

電話が鳴り出したのは十一時を過ぎた頃からだ。週明けの〈エス・オーインク〉はいつも朝礼後の十一時頃から動き出すことを取引先の多くが知っているからだ。午後になると電話の合唱はさらに勢いを増し、音の洪水の中で捜索は続けられた。


午後、朝倉は霞が関の検察庁舎まで任意同行を求められた。外は三十度を超す猛暑だった。車中で、何が起きているのか教えてほしいと同行する検事に頼んでみたが、はぐらかされるだけだった。とにかくここは、できる限り協力姿勢を示すしかない——庁舎の裏口に車が付けられたとき、朝倉はそう自分に言い聞かせた。

九階の九〇四号室に案内され、検事と差し向かいの席を示された。執務用の立派な椅子と来客用の貧弱な椅子、その差は歴然だ。

「朝倉さん、メシ、どうされます？」と、いきなり検事に訊かれて戸惑ったが、とても食欲などわかないので自分はいらないと断った。検事は事務官に買い物に行かせ、朝倉の前でコンビニの弁当を黙々と食べ始めた。これは演出に違いない、こうやってとことん焦らし、不安を煽《あお》っておいてから自分に何かを言わせようとするのだろう――朝倉はそう察しをつけた。

検事がお茶を飲み終えてから調べが始まった。

「佐藤真言さんをご存知ですね」

「はい、知っておりますが……」

「なぜ今回こんなことになったのかわかりますか。佐藤さんの契約先の企業がちょっと事件を起こしましてね。それで同じ契約先である御社にも捜索を入れさせていただきました」

「どんな事件なんでしょう？」

「それは捜査上、言えません」

それから検事は〈エス・オーインク〉の平成二十二年十月期の決算書類をバサリと机に置いた。

「あなた、これわかるね」切り札のカードを出すときのような勝ち誇った顔だ。よく見るとそれは、数字を粉飾する前の「素」の決算書原案だった。佐藤が手書きで調整する数字を書き込んだ跡がある。なぜこれがここに……。朝倉は佐藤が捜索を受けたことを知らされていなかった。

「決算を修正したことに間違いないね」

「……はい、その通りです。これは多分、去年の十一月に数字をいじったときのものです」追及されるまでもなく朝倉はあっさり認めた。

もしかして、これから先に何か本題の話があるのかもしれない――途中まではそう考えていたが、検事の口ぶりでどうやら粉飾決算自体が問題にされているらしいとわかってきた。もちろん、粉飾決算をしたことには忸怩《じくじ》たる思いがある。お咎《とが》めを受けるなら甘んじて受けるしかないのだろう。ただ、今どき素のままの決算書を表に出せる企業がどれだけあるのだという思いもあった。もちろんそれは口に出さないでおいたが。

こうして初日は粉飾した決算書を作成したことを認める供述調書など二通を作成しただけで終わった。

庁舎を出ることを許されたのは、もう日が傾きかけた頃だった。朝倉は会社のことが心配でならなかった。普段は乗らないタクシーをつかまえて、会社の住所を告げた。社員たちは今日一日、仕事をさせてもらえず、外に出ることも許されず、どんな気持ちでいたのだろう。自分から皆に経過を説明して動揺を鎮めなければならない――車の中ではそのことばかり考え続けた。

会社に着いてみると、役員たちが気を利かせてくれたらしく、社員たちはすでに全員退社した後だった。朝倉は張り詰めたものが一気に抜けていく感覚を覚えた。

＊

佐藤、井原に対する強制捜査から十九日後、捜査は朝倉に飛び火した。

特捜部はこの間に、佐藤のパソコンなど押収物の分析を進めて第三のターゲットにどの企業を狙うかを検討し、そして〈エス・オーインク〉に白羽の矢を立てた。佐藤の顧客企業十六社の中に粉飾決算をしている会社は複数あったが、決め手となったのは、〈エス・オーインク〉が震災関連の保証制度を利用していたことだった。粉飾をしていることと、震災関連の保証付き融資を受けたこと、この二つの条件を満たす会社は二社だけで、〈エス・オーインク〉がその一つだった。

しばらく後に検察上層部のある人物はこのように語っている。

「まあこの朝倉という人は不運だったんでしょうね。震災の制度融資を受けたために（捜査対象に）追加された。グリコのおまけみたいにね」

また、別の検察上層部の人物が推測を交えて語ってくれたこともそのまま紹介したい。

――特捜部はなぜ捜査を横に広げなければならなかったのか。

「それはコンサルが『悪』だと考えたからだ。この種の事件は普通、コンサルが首謀したと考えるものだ。コンサルは複数の会社に同じことをやらせてきたはずだと私でも考える」

――しかし、実態はコンサル首謀とは言いがたいものだった。

「実態がどうだったかについては、私はわからない。ただ、特捜としてはコンサル首謀で捜査を組み立てていく以外に道はなかったのだろう。そうでなければ事件として立たない話だ」

――逮捕は〈イハラ〉の粉飾詐欺事件だけで打ち止めにしてもよかったのではないか。

「要するに（被害金）額の問題だろう。特捜が出る以上、一億（の被害金額）に乗せないと非常に寂しいと考えるものだ。三千万の一本だけでは話にならない」（井原の詐取金額は最後に受けた融資金の三千万円だけだった）

――よりによってなぜ朝倉を選んだのか。

「震災絡みの制度を悪用したからだ。この制度には国民感情が絡むから、他の保証制度とは重みが違う」

――つまり震災絡みならマスコミが食いつく事件になるということか。

「まあ『震災』の二文字に飛びついたということだ」

わかりやすくするために、特捜部はここまでどのように考えて捜査を進めてきたのか仮説を組み立ててみたい。

この年の初め頃、特捜部は種田事件の捜査で井原左千夫を取り逃がしたが、その会社〈イハラ〉の使途不明金や計画倒産の目論見など目に余る実態がうかがえたため、さらに周辺捜査を続行することにした。そして〈イハラ〉の背後にいる佐藤真言がそれらの指南役であり、種田と同類の悪徳コンサルタントであるとの疑いを強め、佐藤に対する内偵捜査を始めた。

五月、佐藤のブログに東日本大震災復興緊急保証制度（震災復興保証）が創設されたことを紹介する記述がアップされ、特捜部はこれに注目した。ブログで佐藤は、この制度の認定要件などを簡単に紹介した後、

せっかくの制度融資です。
有効に活用しましょう！
お力になります!!!

こう結び、末尾に会社の電話番号を載せていた。

これはおもしろい——と特捜部は考えた。佐藤という男はこうやって新たな中小企業をつかまえて制度融資を受けさせ、その報酬を稼ぐつもりらしい。佐藤の顧客で粉飾決算をしている会社も当然この制度に飛びつくだろう。そして、赤字や債務超過の会社が粉飾をして制度融資を受ければ詐欺にな

る。震災復興絡みの詐欺となればマスコミも食いつく事件になるだろう。

七月、特捜部は佐藤と井原に対する強制捜査に踏み切った。その結果、〈イハラ〉による粉飾詐欺の事実関係はおおむね確認できたし、佐藤もこれに加担したことを認めたので、なんとか立件可能との感触を得た。

しかし、これだけではまだ不足だった。

〈イハラ〉による詐欺容疑の一本だけでは、天下の特捜部が乗り出す事件としてはまだ物足りない。被害額をせめて一億の大台に乗せないと世間に笑われる。佐藤は中小企業に粉飾決算の害毒を撒き散らす男なのだから、捜査は横に広げなければならない。佐藤が粉飾をさせたほかの顧客企業もいくつかチョイスして〝合わせ技〟にもっていく必要がある。そうすれば被害額一億を超えられる。

そこで特捜部は佐藤の取り調べで、顧客の中に震災復興保証を利用した会社はないかと尋ねた。案の定、佐藤は二社あると答えた。この二社ともが粉飾決算をしていることが判明した。その一つが〈エス・オーインク〉だった。

ではなぜ、この二社のうち〈エス・オーインク〉のみが捜査対象にされ、もう一つの会社は除外されたのだろう。その答えは、この会社――仮に〈N社〉とする――がどのような経緯で震災復興保証を利用していたかを見てみれば明白にわかる。

〈N社〉の社長はこの当時、佐藤と話し合った末に、直近の決算期末をしおに粉飾決算をやめて取引銀行にリスケを申し入れる腹を固めていた。震災復興保証制度の創設が公表されたのは、その決算期末まであと数ヵ月となった五月九日のことだった。

新たな保証制度の創設は、中小企業だけでなく銀行にとっても朗報だ。保証協会がリスクを負ってくれる融資枠がさらに増えることを意味するので、銀行は腹を痛める心配をせずに貸し出し実績を伸ばすことができるからだ。各行はチャンス到来とばかり、発表と同時にセールス合戦を展開する。その対象はプロパー融資の対象にはしない低格付けの中小企業群だ。

「ぜひ当行での利用をお願いします。保証の認定申請などの手続きはすべて当行にお任せください」と、〈N社〉の社長のところにも、取引銀行の融資担当者が再三訪れて熱心な売り込みをかけていった。社長としては、リスケ交渉に踏み切る前に手元資金を増やしておきたいところだったので、この制度を利用することにした。

保証制度にはさまざまな種類があるが、この震災復興保証を利用するためには三段階の手続きをしなければならない。まず会社所在地の市区町村の窓口に認定申請書などの書類を提出して、制度の利用要件を満たすかどうかのチェックを受ける。市区町村から認定書を交付してもらえたら、これを地元の保証協会に提出して保証の可否などの審査を受ける。保証が認められて枠（保証金額）が決まったら、保証契約書を銀行に提出して融資を申し込む。

各制度の利用要件にはそれぞれ細かい規定があり、これを満たすように申請書類を作るのは煩雑な仕事だ。保証協会への申し込みにも書類や面談が必要なので、慣れていないと大変な手間になる。そこで銀行はこれらの手続きをすべて代行することで保証枠獲得の武器にしている。ノルマに追われる支店の融資担当者たちにとっては、他行にさらわれる前に申請書を何本かき集められるかの勝負なのだ。

こうして〈N社〉の社長も銀行員に手続きをすべて任せることにした。

今回の震災復興保証の利用要件も多岐にわたって規定されていたが、〈N社〉が利用することになったのは、「取引先が被災したことにより震災後一ヵ月の売上が十％減、かつその後一ヵ月の売上も十％減の見込みであること」という要件だった。これに該当することが認められれば、最大八千万円の保証枠がもらえる。

ところが〈N社〉はこれに該当しなかった。実際に取引先の被災で影響を受けてはいたが、過去二ヵ月の売上の前年比減少幅は十％に達していなかったのだ。

行員は書類を作成するにあたって佐藤に電話し、〈N社〉の四月以降の月間売上額を尋ねた。佐藤がパソコンに蓄積してある〈N社〉のデータから最新の数字を拾って伝えると、行員は言った。「この数字ですと認定要件に該当しないので、こちらで変更させていただきます。申請書に添付する理由書はこちらで要件に合うように作成いたします」

行員は当たり前のように言った。月間売上の計上を一部前後の月に移すなどして金額を減らし、要件をクリアするということだ。また、理由書には震災でどんな影響を受けたかを具体的に記載しなければならないが、適当に作文しておくということだろう。

佐藤と社長は半信半疑だったが、話はとんとん拍子で決まった。行員は佐藤と電話で話した翌日、申請書類を持ってきて社長に押印させ、その日のうちに役所に提出。翌日には認定書が交付され、その数日後、行員から電話があった。

「五千万円の融資が決まりました。ありがとうございました」さらに行員は付け足した。「まだ三千万円分の枠が残っていますから、半年ほど経ってからまた申し込んでみましょう」

今回保証協会が認めてくれた保証枠は五千万円だったが、この制度の保証枠は最大八千万円なので、残りの分も改めて申請すれば通るかもしれないということだ。

しかし、〈N社〉は近くリスケに踏み切る方針なので、佐藤は慌てて言った。

「でも、今期の決算は赤字での着地になりそうな状況ですよ」

「赤字でも大丈夫ですよ。震災復興保証は審査が緩いですから」行員は平然と言った。

以上のような経緯で、〈N社〉のケースでは銀行員が保証制度の要件をごまかし、本来受けられないはずの制度融資を受けさせていた。〈N社〉も粉飾決算をして保証付き融資を受けたのだから詐欺の疑いがあるし、佐藤はそれに関与していたのだから共犯の疑いがある。しかし、こちらのケースで特捜部にとって邪魔だったのは、銀行員の存在だった。

特捜部はこれまで、悪玉のコンサルタントが中小企業経営者をたぶらかし、善玉の銀行や保証協会を騙したという構図で捜査を進めてきた。ところが、〈N社〉のケースでは被害者のはずの銀行の人間が不正の一翼を担っていたので、これを立件すると事件全体の構図を崩すことになる。特捜部としては、申請の手続きも佐藤がやってくれていたら簡単だったのに、銀行員が余計なことをしてくれた、と悔しい思いをしたに違いない。

これと反対に〈エス・オーインク〉の朝倉はすべて自分で手続きをしており、その間に佐藤とメールでやり取りするなど相談していた形跡があるので、特捜部はこちらを捜査していったわけだ。

しかし、現実の保証制度の運用実態に目を向けると、特捜部のこの構図設定にはかなり無理があることがわかる。

やや乱暴な言い方をすれば、保証制度には、粉飾決算をせざるを得ない中小企業を助けるための

「バラ撒き政策」というべき側面がある。そして、焦げ付きになる可能性があるような中小企業に保証制度の利用を推奨してきた「犯人」は銀行だったからだ。

過去をみると、国政選挙前の時期に与党が人気取りのために新たな保証制度を打ち出す傾向があり、中小企業が使える保証枠は選挙のたびに上積みされてきた。そして、保証制度を利用した融資の焦げ付きが政治問題になることはあまりない。保証付き融資が貸し倒れになればその穴は税金で賄われるのだが、焦げ付きの発生もある程度織り込み済みという共通認識があるからだろう。

あまり知られていないことだが、保証協会の審査窓口では、意外と浪花節が通用するという。銀行員が中小企業社長を伴って窓口に行き、「もう一声、なんとかお願いします。どうしても必要なんです」などと拝み倒すと、「わかりました。それじゃあ」と保証金額を上積みしてくれることがあるという。金融検査マニュアルに縛られた銀行の与信判断ではあり得ない光景だ。

銀行に言わせると、せっかく国が保証人になって緩い審査をしてくれるのだから、これを利用しない手はない、というわけだ。

〈N社〉のケースのように、銀行員が保証協会の目を盗んで保証案件を通してしまうことは、さほど珍しいことではないという。

都内で健康関連商品卸売りなどをしている中小企業の社長は言う。

「震災復興保証制度ができた後、五月下旬頃から各銀行のセールスがくるようになりました。ある銀行の担当者は『これから三社分の書類を作って申請に行くところなんです。うちの得意な分野なんですよ。御社もどうですか？』という。私が『うちは売上が上向いてますから利用できないんですよ』と言うと、行員は『大丈夫ですよ、ちゃんと作文しますから』という。私は決算後にしようと思ったので、そのときは断りました」

　また、この事件とは関係のない都内の税理士はこう話している。

「うちの事務所ではお客の中小企業へのサービスとして、保証制度の申請関係の書類作成もやってきましたが、最近は銀行さんが代行してくれることが随分多くなりました。銀行員が申請要件のごまかしをすることは確かにあると思いますよ。頻繁にではありませんが、うちのお客の関係でも何件かはありました。なにしろ私の把握している数字では保証の対象にならないはずの会社になぜか保証付き融資が出るんですから、ああ、これは銀行がうまくやったなと考えるしかありません。銀行員も必死なんですよ。制度の要件は売上の数字だけじゃなく、会社の規模、経営実績など細かく決まっていますが、銀行員はそこらへんを多少手直ししてでも取ろうとするわけです。銀行員が代理で書類を出せば区役所も保証協会もすんなりＯＫしますからね」

　ついでに、私の旧友で現在某銀行の執行役員をしている男にも質問してみたところ、概略こんな説明だった。

「この震災の保証制度は条件が緩い制度なので、幅広い取引先に推奨したのは事実だと思うが、それはうちの銀行だけのことではないはずだ。被災による売上の減少額といっても、どこまでが震災の影響だとは言い切れないものがあるし、売上の計上月はもともと流動的なものなので、会計上許される範囲で数字を動かせば申請が通るのであれば、顧客のために通してあげるのが銀行としての務めだ。多くの会社に利用させてこそ制度融資の意味があるのだから」

　随分と回りくどい説明だが、要するに、せっかく緩い制度ができたのだから、多少の数字調整をしてでも使わなければ損だということだろう。保証枠獲得のためには保証協会を騙すことも辞さない

――それは末端の銀行員というより銀行全体の考え方のようだ。

地検の幹部は佐藤らを逮捕した際のブリーフィングで、「保証協会は国民の税金が入る先であり、国民の損害になるのだから許してはならない」と述べていた。確かにその通りだと当時は私も思ったが、ここまで現実を取材してくると、これはあまりに社会の現実が見えていない考え方だと言うしかない。

＊

家宅捜索の翌朝、朝倉は本社事務所や都内の店舗にいる社員、スタッフ全員を集めて経過を説明した。社内では月間の売上高を毎月発表しているので、多くの社員たちの間で粉飾決算はすでに公然の秘密となっていたが、朝倉は決算を偽ってきたことを率直に語り、部下たちに深々と頭を下げた。

佐藤にも電話した。前日起きたことを説明しかけると、佐藤は「ええっ」と言ったまま五秒ほど沈黙した。

「佐藤さん、検事さんはあなたのことを何度も訊いていましたが、何かあるんでしょうか」

「……朝倉さん、申し訳ありません。実は私のところにも今月六日、家宅捜索がありまして、私はそのことをずっと黙っておりました……」

電話の向こうで佐藤は、棒で殴られたような衝撃を受けていた。朝倉に累を及ぼしたのはまぎれもなく自分なのだということに打ちのめされていた。

佐藤悪役のシナリオ

「とぼけるんじゃない！」

検事がまた怒声を張り上げて、机に拳をドシンと振り下ろした。机の上の備品がぐらりと揺れて、部屋の空気が凍りついた。

朝倉亨はただ唖然として、怒り狂う検事の顔を見ているだけだった。

わけがまったくわからなかった。なぜそんなに怒るのだ。会社の顧問弁護士からは「聴かれたことには正直に答えるように」と指示されている。「事情を説明すればわかってもらえるのではないか」と元気付けられてもいる。自分としても無用に隠し立てをして事をこじらせたくないので、今日もできるだけ率直に事実を説明しているつもりだ。自分の犯した過ちは、とっくにすべて認めている。それなのに、やはり検事は納得してくれない。考えていた通りのストーリーに当てはまらないと、途端にキレるのだ。頭ごなしに怒鳴られると、もうそれ以上は何も言えなくなってしまう。それで話は膠着状態に陥ることの繰り返しだ。事実を歪めて迎合しろというのか？

朝倉に対する任意の取り調べは、家宅捜索を受けた七月二十五日以来、延々と続けられていた。佐藤真言の場合は家宅捜索の日から三日連続の任意調べだけで呼び出しがこなくなったと聞いているのに、こちらの検事は週四日ほどのペースでどこまでも呼び出しを続けてくるのだ。取り調べはいつも午後からで、夕食をはさんで夜も続けられる。それで朝倉はこのところ、午前中に仕事の予定を詰め込まねばならなくなっていた。夕食といっても、どうしても検事や事務官と一緒に食事する気にはなれないので、朝倉は検事らが食べ終わるのを黙って待っているだけだったが。そして地検から解放されてから会社に戻り、深夜に夕食をとるのが習慣になった。

検事の言葉遣いが丁寧だったのは最初のうちだけだった。穏やかに話していたかと思うと、突然怒声を張り上げる。話を聞き入れてくれたかと思うと、上司に報告するため席を立ち、戻ってくると鬼の形相に変わって怒鳴り散らす。

取り調べは、前年の平成二十二年十月期の決算書をどのように粉飾したのかということと、今年六月に震災復興保証制度を利用して融資を受けた経緯、この二つに重点が置かれていた。

検事はこの二つに佐藤がどのように関わったかということにしか関心がないようだった。というか、すべて佐藤が主導したはずだと決めてかかり、朝倉が自分で判断したことや佐藤に相談せずやったことを説明すると、途端に怒鳴りつけられる。逆鱗《げきりん》に触れるのはいつも佐藤のことばかりなのだ。

要するに、検察はどうしても佐藤さんが悪者でなければ困るらしい。それもひどく。しかし、いったいなぜ？　それが朝倉にはどうにも理解不能だった。

八月も半ばになると、質問内容はさらに細かくなった。震災復興保証の制度融資を受ける際の経緯の一つひとつについて、この時期に佐藤とかわしたメールや電話の通話記録をテコにしながら、「ここで佐藤から指示されたんだろう」と決め付けてくる。

まず、この保証制度が公表された五月九日の夜に佐藤が自分のブログでこれを紹介しているので、検事は「佐藤がこの日以降に『こういう制度ができるから利用しよう』と持ちかけたはずだ」と迫った。

　だが、朝倉の記憶は違った。

「いいえ、私がこの制度のことを知ったのは四月下旬頃で、銀行の人が『これは内部情報です。近く震災復興絡みで百パーセント保証の新制度が出ます』と知らせにきてくれたんです。五月九日には取引銀行五行ほどの行員たちが次々と顔を出して、『ぜひ当行で利用してください』とセールスをかけられました。私は例によって夏場に向けた資金難で頭を痛めていたので、初めからこの制度を利用できるものなら利用するつもりでした。これについて佐藤さんと相談したのは確か翌週のことで、銀行との折衝に同行してもらった帰り、喫茶店で打ち合わせをした際に話題にしました」

　何日か後の追及で検事は筋書きを変え、この喫茶店で佐藤が保証申請をするよう持ちかけたはずだと追及する。

「だから、違いますよ。そのときはまだどうなるかわからない段階だったので、とにかく申請の手続きを進めてみようと話し合っただけです」

　検事が特にこだわったのは、朝倉が渋谷区役所に提出した保証認定の申請書をどのように作成したかだった。

　朝倉は〈N社〉と同様、保証認定の要件を満たすために売上の計上月を一部ずらして申請書に記入していた。検事はこの数字調整を佐藤が指示したはずだと決め付け、それ以外の説明は断じて受け付けないという態度だった。

「そこは私の判断だったたって言ってるじゃないですか」

「違うだろ。そこは佐藤が考えたんだろ。かばってどうするんだよ」

「かばうも何も、私は真実しか喋りませんよ」

朝倉が言い返すと、検事はついに怒り心頭に発する。

「どこまで逆らうつもりだ！」

「検事さん、あなたはすぐ感情的になられますけど、私は何と言われても真実しか言えないです」

「いい加減にしろ！」また机を叩く。


朝倉によると、実際はこんな経緯だったという。

「喫茶店から戻ると、さっそく区役所のホームページを閲覧しましたが、申請要件は複雑多岐で、さっぱり意味がわかりません。そこで区役所商工課の窓口に何度も足を運びましたが、担当者によって説明が違ったりして要領を得ません。何とか自力で申請書を作って提出しましたが、『これでは震災後の売上減少額が十％の要件を満たさないので受け付けられない』と突き返されてしまいました。

私は会社に持ち帰り、頭を悩ませました。要件をクリアするためには、震災直後の月の売上を一部前の月に移す必要があります。でも、それをやると取引銀行に報告している月間売上高と数字が食い違うことになります。どうすればいいのか決めかねて佐藤さんに電話しましたが、なぜか何度かけてもつながりません。後で知ったのですが、佐藤さんはこのとき会社の慰安旅行で伊豆に出かけていたそうです。仕方ないので、とりあえず数字を修正して申請書を作り直し、これを佐藤さんにメールで送って内容をチェックしてほしいとお願いしました。しばらくして佐藤さんから電話がきましたが、『出先なので照合するデータを持っていないから、よくチェックし直して提出してください』とのことでした」

数字を修正した申請書を区役所に出すと、認定書は翌日交付された。申請書は銀行にも回付されたが、銀行が数字の矛盾を問題にすることはなかった。

朝倉にとって悔やまれたのは、申請手続きを〈N社〉のように銀行任せにせず、すべて自分の手でやってしまったことだ。それがこんな災厄を招く結果につながろうとは考えもしなかった。自分でやることにしたのは、佐藤との二人三脚で学んだ教訓があったからだ。「保証付き融資を銀行から言われるままに受けているだけでは資金繰りの改善につながらない。こちらのペースで取引銀行の配分を決めるべきだ」と佐藤に教えられてきた。

検事は朝倉の説明に納得せず、何度でも角度を変えて矛盾やほころびを探そうとした。これではどこまでいっても出口は見つからない。

朝倉はとっくに見抜いていた――検事は私が嘘をついていると疑って追及してくるのではない。事実を言わせたいのではなく、こちらが根負けして折れるのを待っているのだ……。まさに根競べの様相だった。検事は責めたてるだけでなく、朝倉の耳元で吹き込み続けた。

「佐藤をかばってもあなたが損するだけじゃないか」

「朝倉さん、井原の供述だと、佐藤の手法は劇薬だって言ってるんだよ」

「お宅の会社も含めて、中小企業に悪い知恵をつけたのは全部〈Z社〉だと我々は考えています」

朝倉にできるのは、怒鳴られるのを覚悟して反論するか、黙って下を向くか、それだけだった。

考えてみると、これはとても奇妙なやり取りだ。被疑者がいて、これを検事が取り調べる。検事は

「共犯者がすべて仕組んだことで、お前はそれに嫌々従っただけだろう」と水を向ける。被疑者はこれに迎合しておけば罪が軽くなるのに「いいえ違います。悪いのは私です」と言い張る。検事としては、なんて馬鹿正直な男なんだという心境だろう。

特捜部としては、この事件はどうあってもコンサルタントが首謀者でなければならなかった。そうでないと、個別の中小企業が決算書の数字をごまかして銀行から融資金を引き出したというだけの単純な話になってしまう。今の時代、それだけの構図の話なら世の中にごまんと転がっている。その中から天下の特捜部がわざわざ一社を拾い出してきて裁きにかける価値は見出せない。まず検察組織の上層部の理解が得られないだろう。この事件は悪質なコンサルタントが中小企業をたぶらかしていたという構図だからこそ捜査の価値があるのだ。

そのためには、中小企業の社長に「コンサルタントが全部悪いのです」と言わせなければならない。それが多少事実と違うストーリーになるとしても、社長は自分の責任を軽減できるのだから、利口な人間ならこちらが用意したストーリーに乗ってくるだろうという読みがある。朝倉に「すべて佐藤さんの指示でした」と言わせてしまえばこちらのものだ。佐藤がどう反論しようと法廷は特捜部の主張を信じるものだ。

ところが誤算だったのは、朝倉が打算をよしとしない不器用な頑固者だったことだ。朝倉は恩ある佐藤に仇なすようなことができる男ではなかった。

朝倉にとって、こんな災難に巻き込まれたのも元はといえば佐藤のせいだった。それでも佐藤を恨む気持ちは毛頭なかった。佐藤がいなければ会社がここまで持ち直すことはあり得なかったし、佐藤が個人の利益など要求せず会社を再生させることに全力を尽くしてきてくれたことは自分が一番よく知っている——その考えは検事から何と言われようと変わるものではない。
朝倉が恐れていたのは逮捕という事態のみであり、ここで検事に迎合しておくことが逮捕回避につながるとも思えなかった。それよりも、人の粗を探して貶《おとし》めることに血眼になっている検事という職業の人たちとはいったい何なのだろうと、そのことにただ驚き、呆《あき》れ、戸惑っていただけだ。

佐藤首謀のシナリオのほかに、朝倉がどうしても容認できないと言い続けたのは、融資金を返済するあてがあったか否かという問題だった。

検事にとってこれは詐欺罪の構成要件の根幹をなす部分であり、朝倉を詐欺罪で起訴するためには「確実に返すあてがないのにそのことを隠してお金を借りた」と認めさせることは不可欠だった。

しかし、朝倉にとっては法律の構成要件などどうでもよく、これは経営者としての信念の問題だった。これまで「返すあてがないのに借りた」などということは一度もなく、もしこれを認めてしまったら、自分の経営理念を全否定することになるとさえ考えていた。

「朝倉さん、なにも私は、あなたが最初から騙すつもりで金を借りたと言っているわけではないんだよ」

検事は「返さないつもりで借りた」ではなく「返せないかもしれないのに借りた」という意味だと説明した。

「でもそれを示唆しているではないですか」

「いや……しかし、〈エス・オーインク〉の実際の数字を見る限り、確実に返済するのは無理があるじゃないの？」

「そう言いますけど、私は銀行にリスケをお願いしたことを除けば、これまで一度だって融資金の返済を遅らせたことはありません。すべて約定通りに月々の返済をしてきたことはご存知のはずです」

「でも、粉飾決算がばれたらお終いだろう」

「確かにそうですが、返せると信じているから借りるんです。返すつもりだからこそこれまで努力して会社を建て直してきたわけで……」

「いい？　本当の経営状態を見せたら銀行は貸してくれない。そのことがわかっているのに借りたということが、『確実に返すあてがないのに借りた』という意味なんだよ」

この論争はどこまでいっても噛み合わず、逮捕後の取り調べでも繰り返されることになる。


朝倉の任意取り調べの回数は結局、強制捜査の日から五十二日後の逮捕の日までに計約三十回を数えることになる。この回数は、それだけこの検事が朝倉に苦戦したことを物語っていると考えていい。

捜査の筋書きを決めるのは上司の主任検事であって、この検事は板挟みの立場にあるのだろうということは朝倉も察していた。

実際、この検事は焦りを感じる立場だったようだ。

後に作成された井原左千夫の供述調書は、罪を構成する行為のすべてを佐藤が首謀し、自分は佐藤任せにして従ってきただけだという筋書きで見事にまとめられていた。つまり、井原はあっさり検事の筋書きに乗ってしまったわけだ。朝倉担当の検事としては、井原担当の同僚が易々と主任の求める筋書き通りの答えを引き出してくるのに、こちらは頑固おやじに苦戦しているのだから、相当辛い立場だったろう。その苛立ちが全部朝倉にぶつけられた。

　朝倉の耳にひどく刺さったのは、検事が苛立ちに任せて口にした一言だ。

「だからあんたは社長に向かないんだよ」

〈エス・オーインク〉に財務や経理がわかる人間は朝倉しかおらず、その朝倉も資料を見ないと詳しいことは説明できないため、検事は取り調べがなかなか前に進まない苛立ちをこんな言葉で朝倉にぶつけた。

　ほかのことならともかく、この一言だけは聞き捨てならなかった。日本の中小企業で社長が経理や財務を一人で切り盛りしていない会社がどれだけあると検事は思っているのだろう。この言葉は、下々《しもじも》の世界の中小企業の現実について彼らがどれだけ無知であったかを垣間《かいま》見せている。

　筋読みなくして捜査などなし得ない——と、特捜検事たちは昔からよく口にしてきた。特捜部の独自捜査とは、あらかじめ描いた筋書きに沿うようすべての材料を収斂《しゅうれん》させていく作業だ。指揮を執る者が現場の兵隊検事たちの予断ない意見をすべて受け入れていたら、まとまる筋もばらばらに崩れ去っていくことになりかねない。そこで、どこかで捻じ曲げ、押し切り、そうやって調書を巻いていく力技が必要とされてきた。

　だがこれは、捜査検事として長い経験を積んだ指揮官がいた時代だったからこそ通用したことだ。平成十年代以降の東京地検特捜部は、捜査経験の浅い法務官僚との混成部隊へと徐々に変質してきた。そして、あやふやな筋に乗って強引な捜査に走るという悪しきパターンが徐々に鮮明になってきていた。

　その危うさがあるからこそ、最高検は二十二年十二月、不祥事の再発防止策の中で、すべての特捜検事に「引き返す勇気を持て」と呼びかけたはずだ。検事総長の笠間が断腸の思いで独自捜査班縮小を宣言した真意もそこにあった。笠間が独自捜査を全廃せず半減にとどめたのは、政治腐敗への抑止力としての存在価値を考慮したからだろう。

だが特捜部は、朝倉に対する強制捜査に踏み切ったことで、引き返せない一線を越えてしまった。その筋読みの甘さ、安易さを最も早く思い知らされたのが、朝倉の担当検事だったのだろう。

*

朝倉はこの夏、針の筵《むしろ》のような取調室に通いながら、相変わらず会社の経営に全力投球を続けることを活力の源にしていた。

検事から日々言われることに耳を貸すなら、ここで〈Z社〉とのコンサル契約を解除して佐藤と手を切ることを考えるべきなのだろう。しかし、それは朝倉にとって論外の話だった。会社の建て直しがついに総仕上げの段階に差しかかった今、佐藤との二人三脚はいよいよ欠かせない。それに、佐藤に対してこれまでの恩を仇で返すようなことなどできはしない。

また、検察の動きを考えれば、ここでいち早く反省の意を示すために、素の決算内容を銀行に明かしてリスケジュールを求めるという選択肢も考えられた。だが、それも朝倉には論外だった。会社は今、稼ぎどきの秋冬シーズンに向けて仕込みを行う時期だ。ファンたちに袖を通されるのを待っている洋服たち。秋冬商戦に向けて忙しく働いてくれている社員たち。その流れを自分の手で断ち切ることなどとても考えられない。

もし自分が逮捕されたら、その日をもって会社は終わりになるのだろうということはわかっていた。でも、本当にそうなるかどうかもわからないのに、歩みを止める気にはなれない。降板を命じられるそのときまでは全力投球を続けていたい。社員たちのために、洋服たちのために、取引先や銀行、世話になったすべての人たちのために。

強制捜査の一週間後の八月二日から四日間、代官山の直営店舗と二階のショールームで、稼ぎ頭の「リコ」など二ブランドの新作展示会を例年通り開いた。〈エス・オーインク〉にとって夏の最大のイベントであり、秋冬物の売れ行きを決める大事な商機でもある。

会場はシーズンのテーマに沿ったディスプレイで飾られ、色違いも含めて約千点の新作見本がずらりと並べられた。北は北海道、南は沖縄からバイヤーが来場した。例年最大口の買い付けをしてくれるインターネット販売サイトの運営会社をはじめ、セレクトショップを全国展開する有名企業、大手百貨店のバイヤーも入れ替わり訪れ、展示品を撮影したりカタログを求めたりしていった。地方都市の洋服屋さん、ファッション業界人や著名デザイナー、芸能人の顔もあった。

多忙の身の朝倉は会場に一度も足を運べなかったが、部下の報告を聞いて胸躍らせた。

「ここ二年ほど顔を見せなかったバイヤーさんが戻ってきてくれました。来場者数は確実に去年を上回ります」

ファッション雑誌とのタイアップ記事の効果もあり、展示会は大盛況のうちに終わった。

翌週からいよいよ商談が始まった。八月下旬まで二週間の受注額は二ブランドで計七千万円を超え、前年を約二割も上回った。増加に転じたのは三年ぶりのことだ。この数字が出た日、会社は久々の活況に沸いた。朝倉は夜遅くに地検から会社に戻ってから、役員と二人で静かに喜びを分かち合った。

「ついに負のスパイラルから正のスパイラルへ、ですね、社長。リストラによって経費は浮くし、受注は維持どころかアップなんですから。苦労してきた甲斐がありましたよねえ」

「そうだなあ。今年はスタート台の年、〈エス・オーインク〉の二度目の元年――佐藤さんの言った通りになったなあ」

二人とも声が弾んだ。

わずか四ヵ月ほど前、八方塞がりの資金繰りに追い詰められて「もうだめだ」と弱音を吐いていたことを思えば夢のような話だった。この年の春、朝倉の精神状態は最悪だった。消費不況下で銀行の財布の紐はますますきつくなり、調達が思うようにいかない。それに加えて、震災の影響と、収益の薄いOEM事業や婦人服部門から撤退した結果、売上が減っていた。事業のスリム化によって収益構造は改善するが、当座は手元資金が減るのだ。このため春は、仕入先への支払い延滞が続き、朝倉は一社一社に粘り強く事情を話しながら、払えるだけ払ってなんとか関係を維持する状態だった。

追い詰められた朝倉は体調を崩し、深夜、佐藤に電話して「こうなると、生命保険をかけるしかないかなあ」と漏らした。

佐藤は懸命に励ました。「経営ごときで死ぬことはないですよ。まず生きることです。会社はまだ正常先なんだから、いざとなればリスケで銀行返済を止めることだってできるんですから」

息を吹き返すことができたのは、五月に短期（六ヵ月）の資金調達に成功したことと、六月の震災復興保証による制度融資のおかげだった。この資金で、延滞先への支払いや銀行返済をしながら、秋冬シーズンに向けた仕込みをすることができた。だからこそこの夏がある。そしてこのタイミングで、消費の冷え込みに回復の兆しが見えてきたのだ。

この最後の夏の〈エス・オーインク〉の経営状態について、佐藤は「長く苦しい遠泳のゴールがようやく波間に見え隠れしてきたところ」と表現していた。

佐藤の当時の試算では、この秋の決算で四期ぶりの単年度黒字でフィニッシュできる可能性はかなり高いとの予測だった。

試算の内容を簡単に紹介しよう。企業の赤字と黒字の分かれ目は、「利益＝売上金－（原価＋経費＋利息）」という数式で決まる。そして、〈エス・オーインク〉の年間経費総額は次のように推移してきた。

十九年十月期	三億七千七百万円
二十年十月期	三億六千百万円
二十一年十月期	三億四千九百万円
二十二年十月期	三億七百万円
二十三年十月期（見込み額）	二億八千九百万円

朝倉はこの最後の年も、事業のスリム化に加え、これまで手を付けなかった社員の給与を五％削減するなどリストラ努力を続けた結果、ついに年間経費の三億円割れを果たしていた。しかも前期に悪材料を一気に出したので、この期はリストラの効果がやっと数字に表れる年でもあった。

また、商品の仕入れにかける「原価」の方も、事業のスリム化によって前期を五％以上は下回る見通しだった。これらをもとに、年間売上金を前期並みの七億円として計算すると、年間千二百万円ほどの黒字となる計算だ。

もちろん、単年度黒字になっても、前期まで四会計年度に水増しした売上分が消えてなくなるわけではない。粉飾決算のツケは残るので、素の決算は債務超過になる。とはいえ、会社を利益の出る体質に戻せたことは大きい。こうなれば今後は、毎年少しずつ過去の粉飾のツケを利益で消していくこともできるし、あるいは早い段階で銀行に素の決算を明かし、リスケを求めることも可能になる。利益の出る会社であることが実証できたのだから、銀行の支援を期待できるのだ。現に佐藤はこれまで、そうやって粉飾決算という遠泳をついに泳ぎきった企業を何社も見届けてきた。

＊

夏が終わろうとしていた。

検事は懸命に佐藤を悪者に仕立てようとしているが、朝倉はそれに同調などするものかと心に決めていた。

朝倉は捜査への対応について顧問弁護士と相談を重ね、ときには佐藤にも同行を頼んで経過を説明してもらったが、特捜部が本当に逮捕に踏み切るのかどうかとなると、弁護士も半信半疑というのが本音のようだった。

朝倉が粉飾決算によって資金を得てきたことは事実だが、融資金はすべて事業資金に充てており、約定通り返済を続けてきている。会社には〈イハラ〉のような使途不明金もないし、朝倉は私腹を肥やすどころか私財を経営につぎ込んできた。佐藤に対して個人的な金銭を渡したことは一度もなく、支払ったのは〈Z社〉へのコンサルタント料だけだ。そして、会社は今、収益改善によって粉飾の泥沼から脱しようとしている。これだけの材料が揃っていて、特捜部が経営者の逮捕に踏み切り、大勢の従業員がいる会社を倒産に追いやるとはとても考えられなかった。一つだけ不安要因を見つけるとすれば、国民感情にかかわる震災復興保証の制度融資を利用してしまったことだけだ。

弁護士は朝倉に、とにかく検事に対してありのままに説明するよう努め、何を聴かれたかをすべて報告してほしいと指示した。

しかし、検事の取調室の空気は相変わらず険悪だった。

検事は朝倉の望みを打ち砕くように、こんな言葉を浴びせた。

「あなたは仕事を探した方がいいよ。就職先ならいくらでもある。世の中に会社はたくさんあるんだから、次の会社を選ばないとな」

朝倉は思い切って検事に「私は最悪、どうなるんでしょう?」と尋ねてみた。

「最悪の場合?　それは逮捕ですよ」検事は苦笑しつつあっさり言ったが、朝倉には冗談なのか本気なのか判断しかねた。

「……逮捕されたら、会社は潰れてしまいます」

「それはしょうがないねえ」

「でも……そうなれば仕入先にも影響が出ますし、倒産するところも出てくるかもしれません。路頭に迷うのはうちの社員だけじゃすまなくなるし……」

「それも含めて、やはりしょうがないでしょうねえ」

やはり逮捕は避けられないのか——朝倉はそれでもまだ一縷の望みを捨てずにいた。

一方、佐藤に対する出頭要請は相変わらず途絶えたままだったが、事態は佐藤の予想を超えて悪い方向へ進む様相を見せていた。特捜部は佐藤の顧客企業だけでなく、河本恭平ら〈Z社〉の同僚たちの担当顧客にまで手を広げようとしていることが徐々にわかってきたのだ。

七月六日に〈Z社〉の事務所が捜索された際、河本はパソコン持参で外出中だったため顧客企業のデータ類の押収を免れていた。しかし、七月二十五日、特捜部は〈エス・オーインク〉の捜索と同時に〈Z社〉に対する二度目の捜索を行い、河本の自宅も捜索対象に入れた。そして、河本ら役員に任意出頭を求め、粉飾決算をしている複数の顧客企業について追及を始めた。

佐藤一人ではなく〈Z社〉全体が粉飾決算を中小企業に推奨する詐欺会社だという筋立てをした特捜部は、この間、河本らの顧客企業を視野に入れた内偵捜査を進めていたのだ。

九月九日、佐藤の携帯電話に特捜部の検事から電話が入った。

「来週月曜から集中的にお話をうかがいたいので、時間を空けてください」

Xデーが近づいていた。

第三章　逮捕

……私は株式会社エス・オーインクが人生のすべてでございました。いくつかあった趣味をやめ、友人たちとは自ら疎遠になり、そして失い、一切のプライベートを捨て、私財をすべてつぎ込み、経営一本に集中した生活を送りました。

しかし、この数年間の業績はそれに比例せず、悪戦苦闘の毎日でした。直近の一年間は出来うる事業改善・リストラを模索し、一つ一つ実行中でおりました。そして回復の兆しが見え始め、さらに新体制も社内で決定していた中、今回の事件により、事業継続は不可能な状態となり、破産という選択しか道はございませんでした。私の率直な心境と致しまして、とても言葉では表現できない無念さと皆様に対する後ろめたさ以外、何もございません。未来の糧や術、希望すら見えない現在、地獄の境地でございます。

最後になりますが、これまでご協力・ご支援をいただきました皆様に不義理いたしますことに、重ねて心よりお詫びし、謝罪申し上げます。このたびは本当に申し訳ございません。

（朝倉亨が債権者集会で謝罪するために用意した原稿——平成二十四年一月）

大花火を上げますよ

都内某所――首都高速の高架と私鉄の線路に挟まれた一角に雑居ビルや古い商店が連なる。ビルの一つに本社事務所を置く中小企業の社長は九月十五日の午後、顧問税理士から電話をもらって耳を疑った。

「佐藤さんが捕まった。東京地検特捜部に逮捕されたそうだ」

「うそだろ⁉」

夕刊に記事が出ているという。社長は新聞を買いに走った。

佐藤と出会ったのは彼がまだ築地支店の行員だった頃だから、もう十年越しの付き合いになる。当時会社はリスケをしていて銀行に見向きもされない状態だったが、佐藤だけはほかの銀行員と違うと感じていた。辛口のことも言うが、嘘やごまかしは口にしない熱血青年、そんな印象だった。その佐藤が銀行を辞めてすぐ、「できるなら一緒に頑張らせてください」と頭を下げにきて、コンサル契約を結んだ。以来、銀行交渉のときは必ず隣にいてもらうようにして今日に至っている。会社は今では順調に回るようになったが、佐藤がいなければここまでこれなかったと断言できる。その彼がいったい何で逮捕など……。

新聞は、佐藤が中小企業から何億もの謝礼をせしめたといわんばかりの書き方をしていた。――そんなはずはない。彼は金をせびるような男ではない。彼から融資金の一部をこちらに回してくれなどと言われたことは一度もない。これは何かの間違いだ。

それからすぐ、取引銀行の融資担当者がアポなしでやってきた。新聞に出ている名前と佐藤から以前もらった名刺を突き合わせて仰天し、おっとり刀で飛んできたという。

「社長、あなたも佐藤に百万ぐらい渡してたんですか？」

「とんでもない、うちは毎月五万でやってもらってきたんです」

「たったそれだけ……？」行員は肩透かしを食らったような顔をした。

この行員の銀行は「今後一年ほど様子を見させてください」と新規融資の凍結を通告してきた。佐藤の名刺が出てきた以上、「粉飾の疑いがあるグレー企業」として取引を停止するよう本店から指示されたのだという。取り付つ島もない通告だった。

別の取引銀行は、支店幹部と融資担当者が二人で訪ねてきた。社長も急遽、顧問税理士に駆けつけてもらって決算に裏表がないことを説明してもらった。

話し合いの結果、こちらの銀行は納得してくれて、これまで通りの付き合いを続けるといったんは約束してくれた。ところが——。

行員が帰り際、「ところで他行はどういう対応です？」と聞くので、社長はありのままに「一年間様子を見たいとのことでした」と答えた。すると行員は支店に引き揚げ、しばらくしてまた戻ってくると「すみません。うちも今お貸ししている以上は貸せないことになりました。上司の指示なんです」と話を翻した。

社長は目の前が暗くなった。これから大きな取引が控えていて、資金が必要だった。一年以上前から準備してきた輸入取引で、現金で払い込まないと大きな利益を逃すことになる。社長は懸命に事情を説明したが、行員は首を縦に振らなかった。

社長は言う。

「佐藤さんを恨む気はないです。まったくない。彼も被害者なんだと思います。これだけ深くお付き合いさせてもらった私ですよ。彼が私利私欲の人間だなんて感じたことは一度もない。それよりも今はつくづく感じてます、銀行って理不尽なんだなって。大銀行にとってこちらはモノにすぎないんです。いかに損せず回収するかだけ。私は今回、涙が出るくらい悔しい思いをしています。行員は『上司の指示』の一点張りで、けんもほろろの対応でした。佐藤さんならあんな言い方はしなかった。今は銀行に閉ざされることの怖さを感じています。またリスケを考えざるを得ないのかと。できればそれは避けたい。リスケをしたらその途端、借りたいときに借りられなくなる。うちは伸びてるのに、なんで今リスケをしなきゃならないんです？　業績は上向いてるんですよ。会社が潰れるときって案外、こんなに簡単にいってしまうんでしょうね」

＊

東京地検特捜部特殊・直告第二班が消滅する日まであと二週間と二日——九月十五日、同班は佐藤真言、井原左千夫、朝倉亭の三人を逮捕するとともに、事件の第二幕に向けて捜査対象を拡大していった。

この日朝から〈Z社〉に対する三度目の家宅捜索を行うと同時に、社長の河本恭平の担当先企業の一つである都内のビルメンテナンス会社の本社事務所などを捜索。さらに翌日にも、河本が担当する別の中小企業の本社事務所などを捜索した。そして、この二社の経営者と河本ら〈Z社〉の役員全員に任意出頭を求め、被疑者扱いで連日の任意取り調べを開始した。

この捜査を統括する同班の主任検事はある人にこう宣言した。

「あと十社やれます。大花火をあげますよ——」

同班はこれまで〈Z社〉からの押収物の分析を進め、顧客企業のうち粉飾決算によって資金調達をしている会社を選別してきた。この中から手始めに二社を捜索したが、やろうと思えば最大十社、芋づる式で摘発していくことができるということだ。

十月一日の組織改編にともなって、この事件の捜査は新設される経済班に引き継がれることになるが、捜査現場は大いに盛り上がっていたようだ。最大十社もの企業を摘発していくとなれば、捜査チームの所属は変わっても他班から応援を受けて長丁場の捕物を続けていくことになる。特捜検察の真骨頂である「独自捜査」の伝統を受け継ぐ者たちとしては、最後の最後に面目躍如といった高揚感があったことだろう。

同じ頃、検察上層部のある人はマスコミに対してこのように論評している。

「銀行員崩れが集まって粉飾決算のツールを売り物にするビジネスをやっていた。うぶな中小企業経営者たちは金ヅルにされていたという。特捜部も逆境にめげずいい事件を掘り起こしたじゃないか」

現実の姿がまったく見えていない（あるいは現実から目を背けている）特捜部の「見立て」のストーリーが、そのまま検察上層部の認識としてメディアに伝えられていたことがわかる。

あえてまた言うが、捜査対象の会社名が事前に一部マスコミに漏れていたほか、十五日朝にはニュースで逮捕が予告されていた。マスコミに盛大に報じさせて世論を追い風にしながら捜査を展開していくという特捜部お得意の「劇場型捜査」がまたぞろ仕掛けられたと考えざるを得ない。

特捜部のシナリオで第一幕の主役が佐藤だったとすれば、第二幕の主役に選ばれたのは河本ということになる。特捜部内にはこの当時、「河本だけは許してはならない」という、やや感情的なムードがあったそうだ。話は夏にさかのぼるが、河本は七月二十五日に初めて任意取り調べを受けた際、検事に食ってかかり、中小企業が粉飾決算に追いやられる現実について論争を挑んだという。伝聞によると、こんなやりとりだったそうだ。

河本「中小企業の大多数は粉飾決算をしている。でも我々はそれを全部後押ししてきたわけではない。リスケジュールをさせることの方が多い。現在のシステムでは粉飾を続けながら会社を建て直すしかない会社もある。それが現実だ」

検事「それは暴論だ。粉飾決算は悪なのだから、あなた方は全部やめさせるべきだった」

河本「そんなことをしたら中小企業がバタバタと潰れることになる。日本経済がだめになる。四百万社のうち百万社が潰れてもいいというのか」

検事「仕方のないことだ」

河本「大勢の人が路頭に迷うことになってもいいのか」

検事「我々には関係ない」

佐藤や朝倉の取り調べでも、それぞれの担当検事がこれと同じような発言を繰り返しているのは、これまで述べてきた通りだ。河本は検事の言葉によほど憤慨したらしく、特捜検事が「中小企業など百万社潰れても関係ない」と言ったということが河本の口から周囲に伝わり、そしてどういうルートを通ってか、回り回って検察組織の上層部の耳にまで届いていた。

「その話を聞いて私は、真偽はともかくとしてこれは問題発言だなと思った。特捜が世間から箸の上げ下ろしまで注視されているこのときに、よくもこんなことが言えたものだと」上層部の人はこのように問題視したことを認めている。こうして検事の発言は検察内部でも物議を醸した。

一方、河本の取り調べをした当の検事はこの後、河本の資産状況などをみて「あの男は役員報酬を取り過ぎだ。家も豪華過ぎる」などと批判し、反感を強めていた。

そして九月、特捜部ではこんなストーリーが出来上がっていた。

河本は〈Z社〉の収益向上のため、顧客企業から従来のコンサル料のほかにスポット的な報酬も吸い上げることにし、その旗振り役をしたのが佐藤だった。二人は顧客に粉飾決算を積極的に推奨して融資を受けさせるよう役員たちに指示していた——というものだ。

佐藤と同様に河本にも個人の利得がなかったため、〈Z社〉そのものを元凶と位置付けた特捜部は、夏以降、この線で捜査を進めてきた。検事たちは主任検事の号令のもと、関係者の供述などすべての材料をこの筋書きに沿うよう組み立てることを命じられていたわけだ。

今後のスケジュールとしては、佐藤ら三人を二十日後の勾留満期に起訴した後、切れ目なく次の標的——河本と新たな社長二人を捕らえていくという展開が想定されていた。

＊

この九月十五日、佐藤真言の弁護人として検察出身の大物弁護士が登場し、特捜部を仰天させている。

取調室で佐藤に逮捕状が執行された際、検事が佐藤に弁護人は決まっているかと尋ねた。佐藤が「ムナカタ先生に連絡をお願いします」と答えると、検事は目をむいて「ムナカタって、あの宗像紀夫さん？」と聞き返した。検事は即座に上司に電話した。「弁護人は宗像紀夫氏だそうです……はい、その宗像氏です……」

宗像紀夫は現役の特捜検事たちにとって「憧れの人」であると同時に「最も厄介な敵」でもあるという人物だ。経歴を紹介しよう。

昭和四十三年に検事任官。福島地検にいた五十一年、福島県知事を収賄容疑で逮捕するという独自捜査をやって全国に名をとどろかす。当時三十四歳。検事正以下八人しかいない地方都市の地検が警察の手を借りずに独自捜査をやるというのは、当時も今も発想すらしないことだ。宗像は翌年、東京地検特捜部に配属されて、以来、兵隊のヒラ検事から副部長、部長までを務め、トータル約十二年間を特捜部で過ごす。現在の検察ではあり得ない長さだ。

手掛けた事件は数多いが、誰もが特筆するのはリクルート事件（昭和六十三―平成元年）だろう。宗像はこの事件で主任を務め、二十三人の検事・副検事を統括し、「政界」「労働省」「文部省」「NTT」の複雑多岐にわたる四ルートの捜査を取りまとめた。この事件で起訴（略式を除く）されたのは政治家二人、中央官庁の元事務次官二人など計十二人にのぼった。

特捜検察が国民の期待と喝采を集める白馬の騎士だった最後の時代のヒーロー――それが宗像だった。宗像に憧れて特捜検事を志したという人は多い。平成十六年、名古屋高検検事長を最後に退官した宗像は、母校の中央大学法科大学院教授に迎えられ、弁護士業のかたわら七年間教鞭《きょうべん》を執った。

中央大は多くの特捜検事が輩出してきた大学で、宗像ゼミから巣立って検事任官した人も数多く、検察組織のあちこちに宗像の弟子たちが散っている。

その一方、弁護士としての宗像は古巣に真っ向から立ち向かい、後輩たちにひと泡もふた泡も吹かせる判決を勝ち取っている。

東京地検特捜部は平成十八年、前福島県知事の佐藤栄佐久を収賄容疑で逮捕。この前知事の主任弁護人に宗像は就任した。三十年前に自分が逮捕して名を上げることになったのと同じ肩書きの人物を今度は弁護する立場になったのは奇しき因縁だった。この弁護活動で宗像は、後輩たちの荒っぽい捜査実態を目の当たりにし、愕然としたという。

この事件は、知事がある業者にダム工事を受注させるよう口利きした見返りに、知事の弟が経営する会社の土地を時価より一億七千万円高い金額で買わせ、この差額の一億七千万円と「換金の利益」（売れない土地をお金に換えてもらったことの利益）を収賄した、という筋立てだった。

宗像率いる弁護団は特捜部の証拠を分析し、徹底した事実調査を行った。その結果、土地の時価との差額は特捜部のでっちあげに近いものだったことが判明。また、知事と弟の共謀の事実、ダム工事についての口利きの事実も根拠が薄弱だったことがわかった。「この事件は冤罪《えんざい》だといえる。なんとしてでも知事をやるのだという考えで歪んだ証拠が集められ、事実が捻じ曲げられた」宗像は法廷で古巣の捜査をここまでこきおろした。

一審・東京地裁は弁護側の主張を一部認め、時価との差額を一億円減らして七千万円だったと認定。さらに二審の東京高裁は七千万円も否定し、土地は時価で買い取られたにすぎないと認定した。つまり賄賂《わいろ》金額はゼロと判断したわけだが、それでも高裁は、土地を買ったのは換金の利益であるとして有罪の判決を言い渡した。

「これは非常にあざとい判決だ。裁判所は特捜の顔を立てるために首の皮一枚で有罪にした」と宗像は評した。

宗像は特捜部の現状についてこう語っている。

「ほとんどの検事は身を粉にして真実発見のために働いている。事件を解明して、悪い奴を眠らせずにきちっとした処罰を与えるというつもりでやっている。ただ、最近の特捜検事を見ると、上司の検事が『この事件の筋はこうだ』と言うと、それに従ってすぐ動いてしまうところがある。昔の検事は上が何か言っても『そんな話、おかしいじゃないか』と上司の部屋のドアを蹴っ飛ばして出てきたものだが、今はそれがない。無理をしてでも自白調書を取ろうということで、非常に余裕がないというか、焦りがあるように見受けられる。だから私は、このまま放っておけば大変なことになると心配していた」

これほどの大御所を佐藤真言がどうやって味方につけることができたのかというと、文字通りの飛び込み相談でアプローチしたのが功を奏した。

宗像の事務所は普段、紹介者なしの飛び込み相談は受け付けない。この年八月、佐藤の電話に出た女性事務員は最初、丁重に断ろうとした。ところが、そのときたまたま宗像の時間が空いていて、事務員から佐藤の電話のことを聞いた宗像は相手が特捜だと聞いて興味をそそられ、短時間ならということで面会が決まった。

ひと通り話を聞いて、宗像は心を動かされたという。「彼の中小企業を助けるコンサルタントという仕事に対する情熱というか、真剣なまなざし、己のやったことへの確かな信念、そういったものに触れて私は感銘を受けた」と後に語っている。

ただし、このとき佐藤に苦言もしている。

「あなたの信念、心情はよく理解できた。ただ、あなたの仕事はへたをすると、ゴルフで言えばＯＢゾーンに打ち込むようなものだ。それはやはり仕事としては好ましいものではないということはおわかりですね」

中小企業経営者は会社再生というグリーンを目指すため、あえて粉飾決算というＯＢゾーンに球を打ち込む。そうせざるを得ない心情はわかるが、ＯＢゾーンで球が見つかった時点で即アウト、それがルールというものなのだという喩え話だろう。

佐藤の取り調べが再開されて逮捕が近づいた頃、佐藤は恐る恐る宗像に弁護人就任を依頼した。心配なのは費用のことだった。宗像は言った。「君、お金がないんだろ。お金のことは心配しなくていいよ。私は君から取ろうとは思っていないから。ただし私は真実ベースでの弁護しかできないからね」

宗像はこのとき、知り合いの弁護士に任せることも考えていたというが、佐藤が逮捕される日の朝、気が変わったようだ。テレビのニュースで佐藤らの逮捕が予告されているのを見て、すぐさま佐藤の携帯に電話した。

「今日逮捕されることを覚悟しておいた方がいい。後のことは宗像事務所で全部やる。うちが全面的に君を支える。だから安心して行きなさい。何も心配することはない」

このとき佐藤はすでに自宅を出て、東京地検に出頭する直前だった。

逮捕されて拘置所に連れていかれると、多くの人は徐々に心の平衡を崩していく。地位も名誉も失ったことによる絶望感。外部と遮断されたことによる不安と恐怖。この洗礼を検察では「人格破壊」と呼ぶ人もいる。逮捕前の地位が高かった被疑者ほどその衝撃は大きく、こうした心理状態に陥った人は次第に検事に迎合するようになり、易々と自白調書に署名してしまうのだという。

宗像はそうした心理を知り尽くしている。だからこそ逮捕直前の佐藤に急いで電話をかけ、激励を投げたのだろう。

二日後の土曜日、宗像は東京拘置所に出向いて佐藤と接見した。

接見室の透明な仕切りの向こうに現れた佐藤は、やはり憔悴《しょうすい》が顔に出ていた。

「私が土曜に来るなんて滅多にないんだよ。近所の付き合いをキャンセルしてきたんだよ」宗像はのっけに笑わせておいてから語りかけた。

「中小企業なんてのはさ、粉飾ぐらいのことをやらないと銀行が振り向いてくれないんだから、あなたのやってきたことは正しいんだから、自信を持って取り調べを受けなさいよ。大丈夫だ、こんなもん！　まあ一時的に騙したってことになるかもしれないけど、あなたは騙すなんて大それたことは考えてなかったんでしょ。別にお金をせしめたわけでもないんだし、時間をかけて会社を建て直して帳尻が合えば銀行も喜ぶしと、そういう考えだったんでしょ」

「そうなんです、先生。まったくその通りなんです……」

佐藤が吐き出したかった思いを全部先に言ってしまう――百戦錬磨の検事だった宗像でないとできない励まし方だ。

「自分を見失って変な自白をしないように。たかが三週間だから、その間しっかり自分を持って。あなたはしっかりしてるから大丈夫だよ」

帰り際に宗像は言った。「そうそう、奥さんからの伝言だよ。一言だけ、『絶対死なないロックンロール』と伝えてほしいと。これ、どういう意味だか君わかる?」

「わかります、先生。それは僕と妻が好きなロックバンドの曲名なんです。どんなにめげても負けないでって、そういう意味です」佐藤の目に涙がこみ上げていた。接見制限のため会いに来れない妻の伝言は心に響いた。

以後、この言葉が二人の仕切り越しの合言葉になった。

「絶対死なない!」と宗像。

「ロックンロール!」と佐藤。

六十九歳と三十八歳が毎回右腕でガッツポーズまで付けて。


佐藤らの逮捕から一週間が過ぎても、河本らの任意取り調べは連日続けられていた。依頼人である佐藤の起訴・不起訴が決まっていないこの段階で弁護人にできることはそう多くない。宗像としてはまず、佐藤の勾留満期後すぐに保釈を申請して身柄を奪還することが先決だった。この事件について検討して万全の対策を練るのはそれからだ。

佐藤の起訴は避けられないだろうと宗像は考えていた。銀行を騙して融資金を引き出した以上、それが悪いことかと問われれば悪いと言わざるを得ない。詐欺罪の成否だけを問題にするなら、成立は揺るがない。ただ、佐藤が首謀者なのか幇助したにすぎない立場なのかについては、特捜部との間で見解にズレがあるようだと感じていた。特捜部はコンサルタントが首謀者に違いないという既成概念に引きずられているのではないか。〈Z社〉が特捜部の考えているような反社会的な会社だとは思えないのだが。

宗像はこれ以上捜査が拡大されることを憂慮していた。

連日地検に出頭している河本らから取り調べ内容について報告を受けており、特捜部がさらに二社の中小企業を被疑者扱いで取り調べていることも聞いていた。このままいけばこれらの企業や〈Z社〉は潰れてしまうし、〈Z社〉の他の顧客企業も深刻な経営危機に瀕することになるだろう。現にこの捜査の影響はすでに広がり始めていた。

〈Z社〉のクライアント九十社に対して取引銀行が態度を硬化させており、新規融資の凍結を通告される企業が続出していた。このまま放置しておけば連鎖倒産の悲劇に発展しかねない。そんな事態は避けなければならない。それに宗像は、検事の一人が取り調べの中で「中小企業など何社潰れても我々には関係ない」と言ったという話も腹に据えかねていた。

宗像は捜査拡大を食い止めるために動いた。宗像自身は取材に対して、具体的にどこへどんな働きかけをしたのかを詳しく語ろうとしないが、特捜部の主任検事と直接何度か話し合い、捜査拡大をやめるべきだと苦言したことは認めている。

これもまた伝聞になるが、佐藤に伝わった話によると、宗像は次のような考えを主任検事に説いたという。

――どこまで拡大させるつもりなんだ。これ以上、ガサ（家宅捜索）をやるのはやめておいた方がいい。特捜が相手にしているのは、まっとうに事業をしていこうとしている中小企業ばかりだ。影響を考えた方がいい。家宅捜索はこれらの中小企業の存亡に直結する。大勢の犠牲者を出し、銀行の不良債権を増幅させるだけだ。何の益もない……。

特捜部は普通、被疑者の弁護人からの苦言になど耳を貸さないが、相手が宗像となると主任検事も神妙だったようだ。なにしろ特捜の手の内を知り尽くし、福島県知事事件を捜査した先輩たちに苦渋をなめさせた男が相手なのだ。宗像が検察首脳たちに太いパイプを持っていることもカウントしなければならない。なにしろ検事総長の笠間からして特捜部時代に宗像の手足として働いた一人だったのだ。

またこの時期、検察上層部からも特捜部の捜査拡大にブレーキをかける動きがあったという。こうして、この事件の捜査は途中から急速にしぼみ、幕引きへと向かった。すでに逮捕してしまった佐藤らの起訴をもって捜査を終結し、新たな逮捕者は出さない方向へと傾いていった。

失意

東京拘置所（東京都葛飾区小菅）A棟六階。朝倉亨が収容された房には小さな窓が一つだけあった。窓の外には人の通らない通路らしきものがあって、向こう側の壁にも小さな窓があった。二つの窓が重なる位置に立ってみても、見えるのは四角い夜空だけ。建物一つ見えないし、月も星も見えない。切り取られた暗闇だけが外界との接点だった。

朝倉は逮捕された日の夜、この窓のある部屋でまんじりともせず過ごした。刑務官の指示通りに布団を敷いて横になり、支給された睡眠薬も試したが、眠りは訪れなかった。会社はどうなっただろう。役員や社員たちはこの事態にどう対処しているだろう。妻は大丈夫だろうか。家に債権者が押し寄せたりしていないだろうか。想像するとますます目がさえてくる。一刻も早く弁護士に会って外の様子を訊きたい、ただそれだけを願った。

この日の昼前に東京地検特捜部の取調室で逮捕状を執行された後、朝倉は初めて録画用カメラと録音マイクがある部屋に案内された。逮捕後まず被疑者の弁明を聴き取って書面にする弁解録取の手続きから録音・録画が始められるのだ。

「今は頭の中は会社のことで一杯なんです。刑事事件のことなんてどうでもいい。何も話す気になれないです」朝倉は投げやりに言ったが、「これが終わらないと先に進めないですよ」と検事に言われた。

質問に「はい」「はい」と機械的に答えていく。一度だけ弁明したのは、これまで何度も反論してきた「返済する確実なあてがないのに……」というくだりだけだった。

「返済は十分に可能でした。返すつもりだから借りたんです。私は今まで返済を怠ったことは一度もありません――」

いつもなら「ふざけるな！」と怒号をあげる検事がカメラの前では嘘のように神妙な顔で聞いており、言い回しも慎重だったのが印象に残った。

その後、利き腕に金色の手錠をはめられて、ワンボックスカーで小菅へ移送された。ゲートを通り、刑務官に身柄を引き渡され、体育館のような天井の高い部屋で入所の手続き。ここに毎日大勢の犯罪者が送られてくるのだろう。窓口を一つずつ回って、氏名の確認、持ち物リストの作成、下着まで脱いで身体検査……、最後に刑務服と茶碗類を手渡された。

房に案内されてしばらくすると夕食が運ばれてきた。朝も昼も食べなかったが、食欲は湧かない。刑務官が「いろいろあるんだろうけど、食べといた方がいいですよ」と声をかけてくれたが、どうしても手をつけられない。食事は二十分ほどで片付けにくる。食べても食べなくても、残したものは自分で一つのドンブリに集め、他の食器は房の水道で洗って配膳台に戻さねばならない。

日暮れごろ、いきなりドアが開いて、刑務官が「調べ！」と一声。身体検査を受けて十階の取調室に案内された。いつもの検事と事務官のコンビが待っていた。

「何か食べました？」と検事に聞かれたが、「食えるわけないでしょ」とぶっきらぼうに返した。すぐに取り調べに入ったが、しばらくして朝倉は遮るように言った。「今日はもう何にも話す気になれないな……ちょっと無理だよ、俺」

七月から今日の昼までずっと「私」だったのが、初めて「俺」になった。持てるものすべてをつぎ込んで育ててきた会社を奪われた今、怖いものは何もなくなっていた。こうなってしまったら、自分がどんな処遇を受けようと、もうそんなことはどうでもいい。散々自分を嘲《あざけ》った末に会社を奪ったこの男に対して敬意を示す気になどなれない。

反対に検事は、拘置所に着いてから罵詈雑言《ばりぞうごん》も恫喝も机を叩くこともすべて封印し、諄々と説いて聞かせる良心的な検事へと変身していた。急にタメ口をやめて丁寧語でこられても空々しく響くだけだ。検事の言葉は朝倉の耳を素通りした。

この夜は身上調書を作成しただけで解放してくれた。どんな内容の調書だったのか、朝倉はほとんど覚えていない。

布団に横たわっていると、心は塀の外へと向かった。

やがて窓の外が白みだした。


二日目の朝、裁判官による勾留質問の手続きのためバスに乗せられた。裁判所の庁舎に着くと、会社の顧問弁護士が先回りして待っていてくれて、三十分間の接見が許可された。

「先生、会社の方はどうなってますか」朝倉は逸る気持ちを抑えられず訊いた。

弁護士は時間がないので早口で説明を始めた。

「昨日の午後、逮捕が伝わるとすぐ銀行の担当者がやってきて『口座を凍結させていただきます』と告げていったそうです。会社には債権者が押し寄せて、取締役が対応していますが、口座が凍結されたので身動きがとれない状況で……」

朝倉は打ちのめされた。自分が銀行を騙した犯人として捕まった以上、銀行との関係はもはや修復不能だろうとは思っていた。それでも、秋冬物の卸先からの入金ラッシュがあと四日で始まるので、それで当座は何とかしのげるのではないかと望みをかけていた。しかし、口座凍結となれば支払いはもう無理だ。会社の血流はすみやかに停止する。社員たちの生活を守る手立てを考える時間さえ与えてくれないのか……。

なにしろタイミングが最悪だった。実りの秋の稲穂が垂れだした頃にいきなり田んぼを取り上げられてしまったようなものだ。収穫を終えてあちこちへの借財を返し終えた後ならまだ周囲に与える影響は小さかっただろう。

「そんな状況なら、先生……すぐ動いてください」

まだ破産という言葉を口にすることができなかったが、とにかく弁護士に対応を一任しておかないと、どう動くにせよ後手になってしまう可能性があった。

「とりあえず取引のない銀行にすぐ口座を開きましょう」

弁護士の提案を受けて、朝倉は印鑑の置き場所などを説明した。

「それから先生、とにかくまず家内を実家に帰してください。家にいたら何があるかわからない」

妻を債権者から守りたい一心だった。

「わかりました、奥さんにお伝えします。それから奥さんによると、お母さんが今日上京されるそうです」

母が……もう逮捕のことを知っている？

「私の逮捕のことはマスコミで報じられてるんですか？」

「ええ、昨夜のＮＨＫのニュースなどで……」

昨夜寝ずに考えたのは会社や妻のことばかりで、実家や親戚のことにまで考えが及ばなかった。母はどれほどショックを受けただろう。妻の実家は……。

接見室の窓から現実が次々と押し寄せてきて、朝倉は押し潰されそうだった。


拘置所での取り調べは通常、昼食と夕食をはさんで午前、午後、夜の一日三回に分けて行われる。朝倉の担当検事は午前と午後の時間を供述調書の原案を固めるための追及に充て、夕食後に調書を作成するのがほとんどだった。調書は会社の事業概要から始まり、佐藤との出会い、粉飾決算をした経緯、震災復興保証制度の融資を受けた経緯まで、時系列に沿ってほぼ毎日一本ずつのペースで作成されていった。

昼間の取り調べは録音・録画の設備がない部屋で行われる。朝倉の取り調べに適用されたのは「部分可視化」といって、検事が必要と認める場面だけを録音・録画するものだ。

朝倉は刑務官に連れられて取調室に入ると、いつも検事と事務官には挨拶もお辞儀もせず、人形のように黙りこくって席に着いた。これが朝倉にできる精一杯の意思表示だった。言葉が乱暴になったのは初日の夜だけで、その後は丁寧な言葉遣いで通した。

検事は拘置所にきて以来、スイッチを切り換えたように怒鳴り散らしたりはしなくなったが、朝倉の主張を受け入れるようになったわけではない。相変わらず頻繁に席を立って上司と連絡を取りながら、佐藤を首謀者に仕立て上げようという努力をギリギリ最後まで続けた。

そういうとき朝倉は以前より少し強気に出ることができた。

「もういい加減にしてくださいよ！　私もここまできたら失うものはないんだから、隠したり嘘を言ったりしませんよ」

しかし、ほとんどの時間は自分から何かを主張する気力が湧かず、聞かれたことに答えるだけだった。心ここにあらずで、自分の身などどうにでもなれという心境はそのままだった。

朝倉には検事の態度の豹変《ひょうへん》ぶりが滑稽に見えていた。朝倉の心を開かせるためなのか、ときには人格者のような顔で励ましもした。

「確かに『法人朝倉』は終わりです。ただ、個人としての朝倉さんはまだ終わっていませんよ。必ず誰かあなたを助けてくれる人が現れるから、それを信じて頑張って」

お前がよく言えるな、と朝倉は内心思ったが、励ましは励ましとして言葉を噛み締めておいた。

そして夜。

夕食後はビデオ録画の設備がある部屋に案内される。

検事が「それでは録音・録画を開始します」と告げてカメラをスタート。

「これから、あなたに今日うかがったことをもとに調書を作成します」と告げた後、検事は手元の調書原案の文章を淡々と読み上げていく。それを事務官がラップトップのパソコンに打ち込んで文書化していく。

検事はこの間、朝倉に質問するなど発言を求めることは一度もなかったという。ひたすら事務官に対して読み聞かせて清書させるだけの作業だ。もちろん朝倉が強引に言葉をはさむ気になればそうできたろうが、ほとんどの場合、朝倉は終始黙って検事と事務官のやり取りを見ているだけだった。

途中で朝倉は不思議なことに気づいた。検事は紙を読み上げながら自分の席のパソコン画面を横目で見ているだけなのに、事務官に対して「そこは句読点じゃなくてマルにしてくれ」と言ったり誤字を指摘したりするのだ。どうやら事務官のパソコン画面に打ち出される文章が、同時に検事のパソコンにも映し出される仕組みになっているらしい。

こんな回りくどいことをするなら、初めから検事が作った原案を読み聞かせて署名指印させてしまえば済みそうなものだが、映像では検事が自分で調書を作成していないように見えるので、調書の客観性を法廷に印象付けられるところがミソなのだろう。

最後に、事務官が打ち終えた調書を朝倉に閲読させ、末尾に署名指印させて撮影を終了。短い調書だと録音・録画は三十分ほどで終わる。

以上のような朝倉に対する取り調べのやり方は、取り調べを可視化した制度の理念を踏みにじるものだったと言わざるをえない。しかし、朝倉はその不当さにまったく気付いていなかった。取り調べの可視化は時代の要請だった。いわゆる冤罪事件の背景に密室の取調室での不正な取り調べが指摘される例は後を絶たず、全国の警察、検察の取り調べに段階的に導入されていった。その中で東京、大阪、名古屋の三地検に置かれた特捜部などだけが例外的に可視化を受け入れない聖域とされていたのは、それだけ現場の抵抗が激しかったからだ。そこに大阪地検特捜部の不祥事が起きたため、聖域を守る壁も早晩崩れる運命となった。

*

前任の検事総長の大林が指示した改革策により、特捜部の取り調べにもこの年四月以降の逮捕事件から可視化が試行されることになったのは先に述べた。ただしこれは、一部事件のみ部分可視化を試行するというだけの話だった。部分可視化に対し、取り調べの全過程を録音・録画することを「全面可視化」という。検察は時代の流れで特捜部にも全面可視化が求められることを見越し、先手を打って部分可視化を取り入れた形だった。

これに業を煮やしたのが法務大臣の江田五月だった。四月八日、江田は検事総長の笠間に「一部事件ではなく、特捜部が捜査する全事件で原則として可視化を試行せよ」と指示。さらに、特捜事件のうち少なくとも一部事件は全面可視化を適用すること、部分可視化を適用する事件でも検察に都合のいい部分だけを録音・録画することがないように——と厳しい注文を付けた。

これを受けて笠間は記者会見し、「(可視化の)弊害があるかどうか検証するため、ある程度の件数で全面可視化を試行したい」と述べた。ただし、「特捜部の検事は録音・録画に馴れていないので（全面可視化の試行が）スムーズに滑り出すかどうかはわからない」と付け足している。要するに、重い腰を上げはするが、全面可視化か部分可視化かの選択は現場の裁量に委ねるというわけだ。

笠間は以前から、可視化に対して消極的な意見を口にしていた。可視化の弊害としていつも持ち出すのが、「カメラを回すことによって被疑者がしゃべりにくくなる」という問題だった。自分がしゃべったことが知られることによって報復を受ける恐れがあったり、信用を失ったりすることになるため、口を閉ざしてしまう――といったケースを挙げていた。要するに、被疑者側に抵抗があるかもしれないから全面可視化は難しいというわけだ。

それでは、朝倉の場合はどうだったか。

朝倉には録音・録画への抵抗など微塵もなかった。もともと可視化の論議自体に関心がなかったから、自分が逮捕されてカメラの前に座らされてみて、取り調べとはこういうものかと思っただけだった。検事から録音・録画をすることについて意向を尋ねられたこともない。つまり、朝倉の取り調べに全面可視化でなく部分可視化を適用したのは、もっぱら検事の都合だったわけだ。

朝倉の担当検事は逮捕前の任意段階で、怒鳴る、暴言を吐く、机を叩く、利益誘導を示唆する等、ビデオカメラの前では到底できない禁じ手をやり尽くしていた。こうやって朝倉の考えをできる限り矯正しようと試み、供述調書に使える要素を積み上げてメモを蓄積しておく。同時に、供述調書に入れたくない材料を選別しておく。可視化を意識した「地ならし」だったわけだ。

そして、逮捕後の昼間の取り調べは、夜の本番で朝倉に余計な発言をさせないための最後の「露払い」のようなものだった。任意段階の取り調べで積み上げたメモをもとに供述調書の大筋はできている。その内容に対する朝倉の反論を封じるために説得や論駁を重ねるのが昼間の時間だった。

江田が釘をさしていた「都合のいい部分だけを録画する」ことが、まさに行われていたわけだ。可視化の理念は特捜部の現場でこうして無残に踏みにじられていた。

報道によると、笠間は四月の会見で、記者から「検事が可視化を嫌い、任意段階でガンガン取り調べをやるようになるのではないか」との見方を示された際、こう答えたという。

「そういう発想はなかった。潜脱的なことをやってはならない」

では、実際に朝倉の取り調べで行われたことが潜脱行為でなかったとしたら何だというのか。

＊

朝倉の顧問弁護士はその後も週二、三回のペースで接見にきてくれた。

しかし、取り調べへの対応について話し合っている暇はなかった。会社は危急存亡のときを迎えており、弁護士は待ったなしで押し寄せる事態への対応に追われていた。一つ一つの判断について経営者の朝倉の意向を確認せねばならず、一時間の接見時間は連絡や確認のために費やされた。この接見のために弁護士は朝七時に小菅にきて申請を出し、十時頃まで待たねばならないのだ。特捜部の被疑者には厳しい接見制限が付けられるため弁護士以外の接見は認められない。

弁護士から報告されるのは、朝倉をずたずたに切り裂くことばかりだった。

「本社事務所のビルから即刻退去を求められています。店舗が入居している建物からも半年以内の退去を求められ、今すぐ退去した場合は約二百万円の出費になってしまいます」

朝倉は諸々のことへの対応を弁護士に一任していくしかない。

弁護士は、朝倉の刑事責任の軽減のために、少なくとも被害金額のうち三千万円を最優先で弁済しておくべきだと説明した。しかし、今の朝倉に三千万円の返済ができるかどうかは想像を超えていた。新口座が開設できたので、ここを卸先からの入金口座にすることはできるだろう。しかし、破産を前提に動く場合、会社の資産を自分の都合で動かすことがどこまで許されるかとなると、判断に苦しむところだ。それ以前に、支払いを受ける予定だった百貨店などの売掛先には、銀行などの債権者が先を競って押し寄せている状況だという。

もはや破産に踏み切る以外に道はないと朝倉も腹を決めた。民事再生の手続きには時間と費用がかかり、とてもそんな余裕はない。

接見は回を重ね、破産申し立ての手続きに向けた打ち合わせが進められていった。

弁護士が言った。「従業員のために解雇手続きをしてあげないと、彼らがすぐに失業保険をもらえなくなります」

「わかりました。いいようにしてあげてください」

部下たちの顔が朝倉の脳裏を駆け抜けていった。弁護士に聞くと、在京の社員と契約社員、パートを含めた約四十五人のうち、現在も出社して事態に対応してもらっているのは十一人で、他は自宅待機を指示されているという。九月分の給与は全員が未払いで、この十一人は無給での奉仕が続いているという。朝倉は言葉に詰まった。

弁護士を困惑させているのは、破産の手続きをしようにも出入金の明細記録などがすべて押収されているため調べようがないことだった。朝倉が経理を兼務していたので、すべては朝倉の記憶に頼るしかなかった。

五回目の接見となった九月二十八日、翌日付で破産に向けた弁護士の受任通知を出すことになった。受任通知は、破産する法人が手続きを弁護士に委任したことを債権者に通知するもので、これより先は財産の移動ができなくなり、債権の取り立ても止まる。

会社は終わった。もう後戻りはできない。

返すあてがないのに借りたなんてことは絶対にない――。

家宅捜索の日以来、朝倉はこの一点だけは断固として譲らずに踏ん張ってきた。これを認めたら自分の経営者としてのすべてを否定することになるとさえ検事に言い続けてきた。

検事と朝倉の間で延々繰り返されたこの論争についにケリがつけられたのは勾留満期の三日前、十月二日だった。

「ですから何度も言ってるように……」と、朝倉はこの日も食い下がった。検事は無理に押し切ろうとはせず、静かな声で説得を重ねた。

「いいですか、朝倉さん、たとえば殺人事件があったとします――」

検事が持ち出したのは、殺人事件を例にした「未必の故意」の論理だった。

殺人犯が「殺すつもりはなかった」と主張する。取調官は「でも、相手を傷つけた結果死なせてしまった以上、もしかしたら死なせてしまうかもしれないと思ったのではないか」と追及する。犯人は「それは否定できない」と言うしかない。「ほらみろ、殺意があったと同じことじゃないか」と取調官。これが未必の故意の論理だ。

「――つまり、相手に致命傷を負わすかもしれないとわかっていて包丁を突き出したのであれば、これは殺意があったとみなすのが法律なんです。今回もこれと同じことなんですよ」

〈エス・オーインク〉の資金繰りは春から夏にかけての時期が綱渡りで、新たな融資がなければ銀行返済が止まる状態だった。そして、新たな融資を受けるためには粉飾決算をしなければならなかった。ここで不測の事態が起きて融資を受けられなくなれば、返済不能になる。そのことがわかっていながら借りたのだから、「確実に返すあてはなかった」ということになるのだと検事。さらに畳み掛けて、「これは確実に返済する意思がなかったのと同じことなんです」

供述調書原案は一部修正されて、次のような文章になった。

「……以上のような状況になっていたことを、借りた金を確実に返すあてはなかったと表現されるのであれば、確かに『借りた金を確実に返すあてはなかった』と認めざるを得ません。また、『借りた金を確実に返せるあてはなかったという状況をわかっていながら借りたこと』を、確実に返済する意思がなかったと表現されるのであれば、私には『確実に返済する意思がなかった』ものと認めざるを得ません」

朝倉はこの三段論法がまだ釈然と呑み込めていなかったが、ついに言った。

「じゃあいいですよ、それで」

私は粉飾屋ではない！

佐藤真言の取り調べにも「部分可視化」が適用され、担当検事は入念なリハーサルをした上で供述調書の作成場面だけをビデオ録画させた。午前中に今日は何についての調書を作るかを佐藤に告げた上で、内容はこれこれこうでしたよね、と一つずつ質問しながら争点を洗い出していく。その段階で事実と違うことがあれば佐藤に指摘させて原案を修正しておく。そして昼食をはさみ、午後からビデオカメラをスタートして調書作りに取り掛かる。

弁護士の宗像は佐藤に「全面可視化」を検事に要求するよう指示していた。

宗像は「特捜出身では数少ない可視化推進論者」を自任しており、こう話している。「私は検事を辞めて二年目ぐらいまでは身体の半分は検事だったから、『取り調べに可視化なんてとんでもない』といろいろな場所で言っていた。だが、弁護士になっていろいろな事件を見て、検察官の取り調べの行き過ぎ、違法な取り調べを抑制するには可視化しかないだろうと思うようになった」

しかし、佐藤からこの要求を伝えられた検事は驚いた顔で、「全部録画してもいいけど、佐藤さんもやりにくいでしょう——宗像さんもよくそんなことを言うなあ」とぼやいてみせ、なし崩し的に要求を退けた。佐藤としても検事との関係を壊したくないので、あまり強くは言えなかったという。

検事は佐藤ら〈Z社〉を粉飾詐欺師の集団と決め付ける考えをなかなか曲げようとせず、録画を開始する前の取り調べでは論争が繰り返された。

「あなたは人間として事業継続を望む社長たちの願いを断れなかったというけど、『人間として』を持ち出すならボランティアでやればよかった。業として（粉飾への協力を）やっちゃいかんでしょう。あなたは〈Z社〉の同僚たちにメールで『稼ぎましょう』といったことを伝えているよね。それはなぜ？」

「社内のムード作りです。活気付かせようとしただけで、収益をノルマ化したり出来高制にしたわけではありません。成功報酬を客に無理強いすることもありません」

「じゃあ、収益は気にしてないんだ」

「もちろん収益は大切ですが……」

検事は収益向上のために粉飾を推奨してきたというシナリオに持っていこうとしていた。佐藤は民間企業ならどこでもやる営業推進なのだと反論した。検事はこうも言った。

「朝倉さんのような真面目な社長ほど粉飾をして銀行に嘘をつくことで自分を苦しめていく。そんな苦しみの元になる粉飾をあなた方はやり、銀行交渉もしてくれるんだから、社長としては飛びつきたくなるよ」

このやり取りがあった日の夜、佐藤は房に戻ってから日記にこう記している。


検事の言い方だと、〈Z社〉が悪者で、何も知らない純情無垢で真面目な社長をたぶらかし、苦しめているようにとれる。〈Z社〉(私)が手取り足取りすべてを指南しているかの錯覚は勘弁してもらいたい。最も大きな誤解は、私が粉飾を推奨しているかの如く思っていること。社長が望まぬかぎり行っていないし、リスケの道という選択肢も合わせて出している。中小企業のオヤジはそこまでバカじゃないですよ。しっかりと自分の意見を持つ頑固な人が多い。


別の日にはこんなやり取りになった。

「〈Z社〉内部ではお客の粉飾について相談したり相談されたりということはなかったの?」

「ありませんでした」

「あなたがお客の粉飾を手伝ったせいで会社が捜査対象になったわけだけど、ほかのメンバーから文句は出なかった?」

「ありません。仮に金銭の授受があれば出たかもしれませんが」

「ということは、社内では粉飾を手伝うことが常識化していたわけだ」

「いえ……銀行を辞めてみんなが中小企業にどっぷり漬かり、経営者が背負っているものの重みをひしひしと感じながらこれまできたんです。生き抜くための手段として粉飾をするのであれば、手伝うのもやむなしと思っていたと思います」

「皆が皆、佐藤さんが言うような中小企業じゃないでしょう。儲かってるのに税金を払わなかったり、粉飾をして外車を買ったりなんて会社もあるし」

「それは割合の問題だと思います。そんな会社はごく一部で……」

「井原さんとはなぜ、途中で手を切れなかったの?」

「そうすると、すべてを私の責任にされるという恐れもありました」

井原との共謀について追及された日には日記にこう書いた。


共謀と言われるが、やはり違和感がある。メリットを享受したのは社長だし、判断したのも社長。そそのかしも成功報酬もない中で共謀と言われても……。仮に社長が「うちは正しい決算でいく。難しいかもしれないが、その上で資金調達する」と言えばそれに従う。「調達が難しいから粉飾しましょう」とは言わない。私は粉飾屋ではない!

取り調べの中で検事は、井原が佐藤に隠していたことを少しずつ教えてショックを与えていく。共犯関係にある者同士に反感を植え付けて供述を引き出そうとするのはオーソドックスなやり方だ。検事曰く、井原の資産隠しの指南役はこのことを佐藤に内緒にするよう井原にメールで念押ししていた。検事曰く、井原は佐藤にリスケ交渉をさせている間、シティホテルのスイートに泊まって遊び暮らしていた。……等々。

佐藤の日記。

当初検察は、私が井原とグルで詐欺破産を目論んでいたのではないかと疑っていたようだが、私が井原から破産をするなど聞いたことがないと言い、それらしい証拠も出ないため、今は無関係と思っている（当たり前だ！）。

朝倉の震災復興保証制度の申請についての話になると、検事はなかなか納得してくれなかった。特捜部が押収物の分析で把握できたのは、この時期に佐藤と朝倉の間で交されたメールだけだったので、佐藤がこの時期に電話や直に会っての話で数字調整や理由書の記載内容などをすべて指南したはずだと特捜部は見立てていた。

「そんなことはありません。この時期はお会いしていないし、電話ではそんなに踏み込んだアドバイスはできません」

朝倉の説明とも一致するため、これについては検事も一定の譲歩をせざるを得なかったようだ。これについて調書化する際、佐藤が内容に物言いをつけると、検事と言い合いになった。

そのとき検事はこんなことを言った。

「……そんなことを言うと、悪役佐藤バージョンの朝倉調書を採用しますよ」

朝倉の供述調書の中に、佐藤を悪役にするバージョンとそうではないバージョンの二通りがあるという言い方だ。作文が上手な朝倉担当の検事は二通りを用意していたのかもしれない。

佐藤はこの夜、日記に「朝倉さんはどんな供述をしているのやら」と書いた。朝倉と分断されて次第に疑心暗鬼になっていく様子がうかがえる。

取り調べが日を重ねるうち、検事は次第に佐藤の説明に対して理解を示すようになっていった。「佐藤さんが『従』の立場だったことはわかっていますから」「遊び感覚でコンサルをやっていたわけではないことはよくわかっている」などと何度か口にする。そのくせ、席を外して主任検事に電話連絡を入れて戻った後は、さっきまで理解を示したことを覆すような質問を始めたりしたが、供述調書では佐藤の言い分をかなり取り入れるようになっていった。

ある日、佐藤は検事に反省文を書くから調書に加えてほしいと頼んだ。

「いいよ」と検事は気安く応じ、メモ用紙とボールペンを佐藤に貸し与えた。佐藤が書いたのはこんな文章だった。

私は今回、銀行をだまし詐欺の片棒を担ぐといった大それたことを考えていたのではなく、事業を継続するため銀行から資金調達したいと強く望む中小企業を助けたいという一心で粉飾決算に関与しました。したがって、粉飾に対する対価や資金調達の成功報酬、裏報酬という名目でお金を受け取ってはおりません。今後は粉飾決算には一切関与せず、もし知った場合は正当な決算内容にするようアドバイスし、リスケジュールによる事業再建をアドバイスしてまいります。

検事は一読すると「長いね」とだけ言い、文書を持って取調室を出た。数分後に戻ってくると言った。「これは調書にはしない方が佐藤さんにとっていいよ」

「どうしてですか」

「検察庁内で佐藤さんが反省していないと思われると困るよ」

「そうですか……。私が反省していないと受け止められて、よっしゃ、とことん捜査してやるぞということになると困ります」佐藤が言うと、検事はにやっと笑ってみせた。

佐藤がこの時期、何よりも恐れていたのは、ほかの顧客企業や自分の会社の同僚たちにまで捜査が拡大していく事態だった。宗像の捻じ込みによって捜査拡大が止まる方向になっていたことを佐藤は知らなかった。

粉飾決算をしている会社はすべて潰れてしかるべきなのか——。

佐藤と検事の間で七月から延々と繰り返されてきたこの論争だけは、どこまでいっても平行線をたどるかにみえた。

しかし、佐藤の勾留満期が近づいた頃、検事は「佐藤さんの考えも理解できる」と初めて言うようになった。

佐藤は語る。

「検事さんは取り調べがヤマを越してから、ようやく現実に目を向けだしたのだと思います。私は『赤字や債務超過の会社はすべて即倒産させるべきだという検察のハードランディングの論理はやはり間違っている』と申し上げてきたんですが、検事さんは最後になって理解を示してくれました」

検事がようやく現実との乖離《かいり》に目を向けだしたというよりも、検事は主任から求められた役目を十二分に果たしてしまってから、ようやく本音を口にしたということだったのではないか。いずれにしても、もう遅すぎた。もう後戻りはきかない段階にきていた。

ところで、理解に苦しむことが一つある。

七月の強制捜査直後の時点で特捜部は、佐藤が顧客から個人的金銭を受け取っていなかったことを確認している。だからこそ特捜部はこのとき慌てて、会社経由の役員報酬が利得だったという間接利得の論理に切り換えたのだ。

このため逮捕後の取調室で検事は、いまさら個人的利得があったのではないかという追及は一度もせず、もっぱら間接利得の論理を固める追及に専念した。検事は「佐藤さんがもらってないことはわかっている」と何度か口にし、佐藤から「こんなことなら一千万だけでももらっとけばよかった」と笑えない冗談が出たほどだ。

ところが、検察上層部では佐藤の逮捕後も、佐藤に個人的利得があったという理解が定着していた。ある検察首脳は十月に入ってからも取材に対し、「間接利得だけで起訴するなんてことはないよ。あったんだよ、キャッシュが」と無責任なことを言っていた。

ということは、特捜部から上級庁への報告過程のどこかで話が歪められて伝えられたか、あるいは途中で誤解が生じたかということになる。

検察改革によって特捜部の逮捕後の捜査には上級庁が厳しく目を光らせることになっていたはずだが、監視機能の働きなど、この程度のものだったようだ。

街の灯

最後の取り調べが終わった夜、検事は録画を終了して書類を片付けてから、ふうっと溜め息をついた。

「……今回はなんか、せつないよな」朝倉に同意を求めるように言った。

せつないよなはないよな、と朝倉は思った。——もう時間は戻らないのに、何言ってんだよ、いまさら。

この男じゃなく、すべての絵を描いたのは主任の検事で、この男は兵隊として働かされたにすぎないのだから、これが彼の本音なのかもしれない、とは思う。でも、いまさらそんなことを言われたくない。場所が場所でなかったら机を蹴飛ばしたくなるところだ。

朝倉が先に退室する。検事は「もう会うこともないでしょうけど……」と何かを言いかけたようだったが、朝倉は一言も返さなかった。黙ったまま目を合わさない。逮捕の日からずっとそうしてきたように、目礼もお辞儀もしない。終わったら立つ、それだけ。事務官がボタンを押し、お迎えがきてドアが開く。そして出て行く。最後まで検事の顔は見なかった。黙って。

二日後の十月五日、佐藤、井原、朝倉の三人は詐欺の罪で起訴された。起訴事実は逮捕時の容疑事実とまったく同じだった。朝倉はその日の夕方、東京拘置所から二十日ぶりに保釈された。

朝倉は拘置所暮らしの間、ここを出たらどうやって家に帰るか、その道程の細かい部分まで何度も繰り返し頭の中でイメージしていた。

まず、綾瀬駅前まで歩いてコーヒー店を探し、コーヒーを飲みながら煙草を一服しよう。気持ちを落ち着かせてから、次は電話だ。公衆電話を探そう。妻の携帯電話の番号を覚えていないので、弁護士に聞いて控えておいた。次に岩手の実家にも。それから地下鉄で真っ直ぐ家に帰ろう。会社には寄らない。社員たちと面と向かえる自信がない。誰とも会いたくない。孤独な家路、それでいい……。

起訴された日の夕方、刑務官から唐突に「保釈だぞ」と告げられた。大きな喜びはなかった。自分は終わった人間だ。大急ぎで保釈の手続きをしてくれた弁護士や妻に感謝したいだけ。保釈金はどうやって工面してくれたのだろうということが気にかかった。

正門を出るとすぐ横で煙草を売っていた。深く吸うと、ひどい立ちくらみがした。綾瀬駅までは歩いて十五分ほどかかる。初めてくる街だ。人通りの少ない暗い道を歩いていくと、賑やかな明るい道に出た。なかなか目が慣れない。行き交う人たちは、いつのまにか秋の装いだ。こうして以前は四六時中、洋服のことばかり考えていたが、これからはその必要がなくなるのだ。

夕暮れどきの駅前。高架線の下に広がる下町風情の商店街だった。大きなバッグを二つ持って歩くやつれ顔の中年男を、この街の人たちはどう思うのだろう。コーヒー店は見当たらない。交番で教えてもらい、一本路地を入ったところでやっと見つけた。コーヒーを飲んで、それから駅へ。改札口のそばで電話を見つけた。まず妻へ。

「よかった、もう出たのね。いま車でそっちに向かってるところなの」

びっくりした。妻はペーパードライバーのはずなのに。

「車でって、誰と？」

妻は社員二人の名前を口にした。「あなたは絶対、いの一番に会社に電話してくると思ったから会社で待機していた」という。

駅前に見慣れた車が付けられた。リストラで一台に減らした最後の社用車だった。

「長い間、お務めご苦労さまでした」社員の一人が真面目な顔で言った。

「そうじゃないだろ。会社は終わったんだぞ。なんでお前たちがいるんだよ」

思わずきつい言葉が口から出てしまった。本当は合わせる顔がないと思っていたのに。彼らに恨まれて当然だと覚悟もしていた。——なのになぜ、そんなに気遣ってくれるんだよ。


その夜は、予想していたのとまったく違う夜になった。朝倉の自宅近くの居酒屋に、会社で待っていた取締役や社員たちが集まってきて、朝倉を囲む夕食会になった。

「お疲れさまでした」で乾杯した後は、笑い声ばかりが飛び交った。朝倉の不在中に会社であったいろいろな出来事が笑い話として語られた。廊下に並んだ債権者たちから逆に励まされたこと。出社してこなくなったスタッフもいたっけ。取引先から電話でさ、「大丈夫ですか」って聞かれたけど、大丈夫なわけないじゃんなあ……。

笑える話ではまったくないのに、皆が笑って、笑って……。朝倉だけが笑えずにいた。塀の中で思っていたものとあまりに違う光景に戸惑い、一人だけリアルになっていた。

九月分の給与は未払いのままで、社員たちは九月末に解雇され、路頭に迷う身の上になっていた。迎えにきてくれた二人を含む四人だけは取締役から「しばらく残ってくれ」と頼まれて、今も残務整理を続けてくれているという。破産の手続きのための書類作成、本社や店舗を明け渡すための作業などやるべきことは山積で、今後もしばらく出社してくれるという。十月の給与も出ないことは彼らが一番よく知っているのに。頭が上がらない。とても一緒に笑えない。

——彼らは私を恨まずに会社と心を一つにしてくれていた。私の判断でやったことも含めて、それも会社の一部として受け入れてくれていた。

朝倉は全員に対して一言、「すまなかった」とだけ言った。それ以上を言わせない空気を皆がつくっていた。

宴は続き、その間に朝倉は何度か感極まってトイレに立った。不在中に大変な苦労をかけたのに頑張ってくれていたのだから、涙は見せられない、そんな思いだった。朝倉の前に厳しい現実が押し寄せるのは、保釈から一夜明けてからのことだった。

佐藤の保釈は、朝倉より一週間遅れとなった。

弁護人の宗像らは朝倉の弁護人と同様に、勾留満期の十月五日に佐藤が起訴されるとすぐ、保釈請求を東京地裁に出した。しかし、地裁は翌週明けの七日、請求を却下した。宗像は「被害金額の数字だけを見て悪質だと思ってるんだ、裁判所は」と憤慨した。ただちに地裁へ不服を申し立てる準抗告の手続きをし、詳しく事情を訴えて、ようやく保釈を勝ち取った。

こうして身柄奪還までに一週間を要したとはいえ、一度目の保釈請求で保釈されたこと自体、一年前までならまずあり得ないことだった。前年秋の大阪地検特捜部の不祥事によって検察に対する厳しい世論が起こるまで、裁判所は特捜部の言いなりで保釈の可否を決めているといっていい状態だったからだ。このため特捜部の捜査事件の場合、被告は勾留満期後も延々と勾留され、初公判で起訴事実を全面的に認めるまでは外に出られないのが常識だった。

平成二十三年になると、特捜部事件でも勾留満期とともに保釈される「満期保釈」が相次ぐようになった。その変わりようはまさに隔世の感があった。裁判所も世論に機敏に反応したわけだ。

一方、特捜部の主任検事が予告した「大花火」は不発に終わった。

佐藤らの起訴に先立つ十月一日、組織改編により特捜部の班編成は特殊・直告班、財政班、経済班に改められ、この事件を捜査していた特殊・直告第二班は暫定的に経済班に移行されて捜査を続けた。そして四日後、佐藤らの起訴をもって捜査は終結され、河本や他の中小企業経営者たちへの捜査拡大は見送られた。

ただし、検事たちは捜査終結のタイムリミットぎりぎりまで、河本らを厳しく追及することはやめなかった。いつでも逮捕しようと思えばできるんだぞと恐怖心をきっちり植え付けた。これは特捜検事としての最後の意地だったのか、あるいは、裁判に向けて佐藤を孤立無援の立場に追いやるためだったのか、それはわからない。

こうして東京地検特捜部の中小企業叩きの捜査は終結された。

虚構のパズル

平成二十三年十月に朝倉亨と佐藤真言が東京拘置所から保釈されて以降、私は二人それぞれから数十時間にのぼる聞き取りを重ね、それを主な柱としてここまで筆を進めてきた。

どのように粉飾決算を行い、どうやって銀行から融資を受け、そしてどのように会社の建て直しに力を尽くしてきたかの経緯について、二人の話はいつもおおむね一致した。細かい認識のずれや記憶の欠落はあったにせよ、重要な部分で「いったいどちらが真実なのだ」と頭を悩ませねばならないことは一度もなかった。

重要なのは、彼らが私に話を聞かせてくれたこの時期、この二人は共犯関係の被告人という利害の対立する立場に置かれていたことだ。二人は法廷で相手に責任の擦《なす》り合いをするのが当たり前という状況にあった。また、保釈の条件で被告同士の連絡は一切禁じられており、話のすり合わせが行われたこともないのは私自身がよく知っている。なぜなら、インタビューの中で二人の口からお互いのその後を気遣う言葉が何度も口にされ、私はこの時期、二人の間を行き来するメッセンジャーのような立場にもなっていたからだ。

にもかかわらず、二人が問われた詐欺罪の犯行がどのように行われたかについて、彼らの説明は常にぶれず、迷いなく同じ事実を示していた。

それは別に驚くべきことでもなんでもなく、考えてみれば自然なことだ。

この二人の男は逮捕という荒波にもまれた後も、互いに相手への尊敬と信頼、恩義を胸に抱き続けていた。そして私に対し、真実を知ってほしいという姿勢で接してくれていた。

私は司法記者として多くの事件や裁判を取材し、共犯同士の醜い争いを何度も目にしてきた。ときには父と息子、夫と妻、男と愛人の間で話が百八十度も食い違い、罵《のの》りあいに近い攻防になる場面を見たこともある。それだけに、朝倉と佐藤の口から互いへの思いやりの言葉を聞くたびに私は清々しさを感じ、胸を熱くする感情がこみ上げたこともあった。

こうした環境下で二人の説明が見事に一致してくれたということは、これが真実だと信じるに足る十分な証拠だと私は考えている。

そして十一月、裁判に向けた検察側の証拠開示が行われ、取調室で作成された膨大な供述調書の山が被告・弁護側に示された。

朝倉の供述調書は計十五本が証拠として出された。これらを読み進むうち、私は愕然とし、それから呆れ、最後に情けなくなるほどの軽蔑《けいべつ》を覚えた。これらの感情はすべて、この十五本の調書を作成した特捜検事に対してのものだ。

一連の調書に描かれた二人の人物は、どう考えても私の知る朝倉、佐藤と同一の人物だとは思えなかった。この十五本の調書が印象付けるのはこんな人物像だ。

朝倉亨――無能で無責任な経営者。ときには現実から目を背け、人任せで経営危機をしのぐことしか考えていなかった。

佐藤真言――利益しか頭にない利己的なコンサルタント。粉飾決算も銀行交渉もすべて朝倉に指示して従わせ、金を吸い上げてきた。

さすがに検事は重要な部分で事実の捏造《ねつぞう》をしているわけではない。検事が使ったテクニックは、事実の切り貼りと巧妙なレトリックの操作——それが主だ。

検事は朝倉に語らせた一連の事実関係のうち、自分が描かねばならない筋書きに沿うものだけを切り取ってつなぎ合わせ、これに都合のよい言葉を随所にちりばめて味付けし、そしてまったく別の物語に仕立て上げている。中には事実を都合よく捻じ曲げている部分まである。

おそらく検事としては、予想に反する朝倉の抵抗に遭い、ビデオカメラの前での調書作成という制約もある中で、いつものように力技で押し切る中央突破は諦めざるを得ず、文章の操作でなんとかごまかした苦心惨憺《さんたん》の作といったところだろう。

検察官の仕事は犯罪者を法の裁きにかけるための証拠を収集して法廷に示すことなのだから、被告の悪辣《あくらつ》さを示す部分だけを寄せ集めて並べ立てるのは当然のことだ。被告にとって有利なことを検察官がわざわざ法廷に出す必要はない。しかし、この十五本の調書作成によって行われているのは、端的な事実の提示というより、もはや恣《し》意的な事実の捻じ曲げと言った方がふさわしいことだ。

これ以上論じるよりも、この検事が作成した調書を読んでいただいた方が早いだろう。どの調書でも同じことは言えるが、事件のハイライトである平成二十二年十月期の〈エス・オーインク〉の粉飾決算が行われた経緯についての調書（二十三年九月二十五日作成）を示したい。分量の都合で文章を刈り込んで紹介するが、私は検事のように恣意的な切り貼りはしないことをお断りしておく。

供述調書　　朝倉亨

〈本職はあらかじめ被疑者に対し、自己の意思に反して供述する必要がない旨を告げて取り調べたところ、

任意次の通り供述した）

今回は二十二年十月期の粉飾について説明します。この期も売上の落ち込みなど非常に厳しい状況で、八千万円以上の経常赤字を出しました。そのようになっていたことは、東日本大震災より少し前の今年（二十三年）二月か三月ごろ、真実の数字を確認しておくため、私のパソコンに入っている会計ソフトのデータを自分で見て把握しました。財務内容が悪化していることは数字を見るまでもなく肌でわかっていたので、私はそのような数字を見るのも怖くて目を背けていたものの、やはり真実の数字を確認しなければと考え、このとき目を通したのでした。そして、随分ひどい数字になっているなという印象を受けた記憶があります。

この期の決算書を作成するにあたり、佐藤真言さんから指示や説明を受け、まったく架空の売上を二億六千万円も計上するなどし、赤字を黒字に見せかけるため、大規模な粉飾を行いました。粉飾に手をつけたのは二十二年十一月十八日でした。粉飾内容についてまず佐藤さんが私に指示や説明を行い、私がこれを顧問税理士事務所の事務員のAさんにそのまま伝達するやり方で行いました。そこでまず、佐藤さんが私に指示説明した内容をお話しします。

今、検事さんから示された資料は、Aさんに作ってもらった決算書の原案です。この原案に佐藤さんが手書きで粉飾する部分を書き加えています。佐藤さんが私の前で、数字を書き加えていたと記憶しています。

まず佐藤さんは「税引き前当期純利益を黒字にします」と説明しました。そして、佐藤さんは売上高についても、これまで銀行に出していた資金繰り計画表の数字と齟齬《そご》しないよう、九億三千七百万円台にかさ上げする必要があると説明しました。また、経常利益を二千万円の黒字に設定する必要があるので、そのために一億一千万を売上高に上乗せすると説明しました。さらに佐藤さんは、在庫を二千万円水増しし、架空仕入れも二千五百万円追加計上すると言い、理由をいろいろ説明していましたが、私は銀行から融資を引き出しやすい形にするためなのだろう程度に理解していました。

（中略）

こうして佐藤さんから説明や指示を受け、私がこれを了承した後、Aさんにそのまま伝えて決算処理作業を依頼しました。

確定申告直前の段階で、Aさんがまとめた決算書案を私が佐藤さんにファックスで送ったところ、佐藤さんから、売掛金と買掛金について更なる数字の調整を指示されました。私は佐藤さんから言われたようにすれば、銀行から融資を受けるために都合よくなるだろう程度に思い、佐藤さんの指示をそのままAさんに伝えて修正してもらいました。

このように私は佐藤さんからの指示説明に従うなどし、本当は大幅赤字だったものを、売上や仕入れ、在庫の架空計上などの複雑な操作を行い、黒字だったかのように粉飾していました。

なお、以上説明した一連の粉飾を佐藤さんがどこまで知っていたかについてですが、これまで説明してきたことからもおわかりの通り、佐藤さんから私を経由してAさんへ、あるいはその逆で情報を伝達していたことから、すべて佐藤さんも知っていたはずでした。

（供述人の目の前で上記の通り読み聞かせ、かつ、閲読させたところ、誤りのないことを申し立て、末尾に署名指印した）

東京地方検察庁　　検察官　検事　××××

この調書はまず、決算書の粉飾が行われた二十二年十一月の三ヵ月ほど後に「現実から目を背けていた朝倉がようやく真実の数字を確認した」という場面から始まる。まるで彼がそれまでずっと現実の経営状態から目を背けていたと言わんばかりの文章だ。そしてこの無責任な社長は初めて数字を見て「随分ひどいことになっているなという印象を受けた」と他人事のような言い草をしている。

これについて朝倉は語る。

「取り調べの中で前期の素の数字についての話になったとき、私が『今となっては細かいところまで覚えていないんです』と申し上げたところ、検事は腹を立てて『それは現実から目を背けていたからだろう』と決めつけてきました。私は『そう言われれば否定はできません』とお答えした記憶があります。確かに私は二十二年十一月、決算書原案が私の手元に届けられる前の頃、素の数字を見るのが怖いという気持ちでしたので、その気持ちを検事にお話ししたこともあったと思います。でも私は、決算書を修正したときに素の数字から目を背けていたなどということはありません。目を背けながら粉飾決算などできませんから。ただ、それから時間が経っていくと、後になって前期の修正前の数字はどうだったかと確認する必要も生じないので、詳細な数字まで思い出せなくなっていたわけです。

ここに書かれている『翌年二、三月ごろに現実を再確認するため前期の素の数字に目を通した』というくだりについては、よくわかりません。なぜこういう文章になったんだろう……。こんなことを言うとそれこそ無責任に聞こえそうですが、私はその時期に前期の素の数字を再確認したという覚えはないんです。検事との間でそんな話になったのかもしれませんが……」

というわけで、朝倉は調書作成の経緯をすべて思い出せないようだが、少なくともこの調書が朝倉の言葉を巧妙につなぎ合わせた作文であることはわかる。

『財務内容が悪化していることは数字を見るまでもなく肌でわかっていたので、私はそのような数字を見るのも怖くて』というのは二十二年十一月、朝倉が決算書原案を手にする前の心境だった。そして『目を背けていたものの、やはり真実の数字を確認しなければと考え、このとき目を通した』というのは、事実とすれば翌年二月か三月のことを指している。この二つをつなげてしまえば「無責任で現実逃避する経営者」の出来上がりというわけだ。

言うまでもないが、別の時期の話をつなぎ合わせて一つの文章にしてしまったら、これはもう事実とはいえない。軽率な事実誤認か、もしくは恣意的な事実の捻じ曲げか、ということになる。

次に気づくのは、この調書の重大な欠陥だ。そもそも誰が、いつ、なぜ、この年の粉飾をすることを決めたのかという最も大事なことが、この調書には書かれていない。粉飾決算をしたことについての調書を取るのに、それを尋ねない検事がいるだろうか。

これについての朝倉の話。

「毎月銀行に提出していた資金繰り表で売上高を多め多めにしてきたので、決算書はこれに合わせなければならないだろうということは前から思っていました。決算書確定にあたって決断したわけではなく、もはや粉飾するしかないというのが私にとって前提だったし、佐藤さんも同じだったと思います。このことは検事に詳しく何度も説明しましたが、調書化されませんでした。私としては社員のため、取引先のために何とか挽回するんだという思いで今期も粉飾を継続することにしたのだと検事に一生懸命説明したのですが、これもやはり調書化してくれませんでした」

佐藤と朝倉によると、この決算書原案に手を加えた十一月十八日の打ち合わせの際、佐藤はあえてリスケジュールという選択肢もありますよと朝倉に告げていた。だが、朝倉は、事業は着実に上向いていくと確信していたので、やはり銀行との通常取引を継続したいのだと粉飾を決断し、佐藤もこれを了承した。二人にとって粉飾を続けざるを得ないことは暗黙の了解だったが、決定権はやはり経営者の朝倉にあったわけだ。

しかし調書は、このようにして粉飾が発意された経緯は丸ごとすっ飛ばし、いきなり「佐藤さんから指示や説明を受け……大規模な粉飾を行いました」と話を進める。佐藤が「指示や説明」をしたのは決算書のどの項目をどう修正するかという方法についての話だったが、これでは佐藤が粉飾をするよう指示、説明したとも読めてしまう。

朝倉の話。「検事が何度も細かく追及したのは、決算書のどの項目をどう修正したのかということばかりで、すべて佐藤さんの指示だったという形に持っていける部分にしか関心がないようでした」

続いて検事は朝倉に押収資料を示しながら、粉飾の方法について一つずつ説明させていく。「指示」「指示説明」「説明」という言葉を使い分けていることに気がつく。

この「指示」という言葉には朝倉も調書原案作成の際に違和感を持ったそうだ。だが検事はこれにこだわったという。「指示」は命令的な意味合いのある言葉だが、決算項目の操作については朝倉も知識豊富な佐藤任せにするしかなかったのだから、「指示」が適切な用語なのだと検事に押し切られたという。私見を言わせていただけば、この場合は「指導」が適切だと思う。

さらに調書は、朝倉が佐藤の「指示説明」を受けて、「……都合よくなるだろう程度に思って従うことにした」と繰り返す。これでは朝倉は深く考えもせず唯々諾々と従っていたとしか読めない。

そして調書は最後の念押しで、佐藤がすべて認識していたことにわざわざ言及する。こうした調書の定番は、最後に被疑者に反省の弁を一言述べさせて締めるパターンなのだが、検事はそれをあえて避けている。検察が誰を追い詰めることに力点を置いていたかはこれで明白だろう。

ではなぜ朝倉はこんな調書に署名指印してしまったのかということになるが、そこはこのときの朝倉の心境を考えるしかない。朝倉は七月から延々と続いた任意調べで「佐藤の指示だろ」とさんざん責められ続け、これに精一杯の抵抗を続けていた。しかし、逮捕されて拘置所に放り込まれ、会社という人生の支えを失い、わが身を守ることすらもうどうでもいいと考えるほど自暴自棄になっていた。

検事はビデオカメラをスタートする前の取り調べで、メモの中で使えると判断した部分を一つずつ述べていき、「こういうことですね？」と質問していく。

朝倉はそれに対し、「そうかもしれませんね」「まあ、おっしゃる通りだと思います」などと投げやりに返事をする。過去に散々説明させられたことばかりなので、改めて自分から事実関係を説明する意欲をなくしていた。

検事の思う壺だ。

こうして調書原案が作成されるが、「ここに書いてあるのは全部あなたが言ったことですよ」と言われれば、確かに一つひとつの文章はそれに近いものばかりなので、ダメ出しのしようがない。精神的に参っていた朝倉は、調書の内容をほとんど記憶していないほど上の空だった。

他の十四本の調書も似たり寄ったりで、「佐藤首謀」のストーリーに近づけようと苦心惨憺した跡があちこちに見受けられる。

震災復興保証制度を利用した経緯についての調書も、佐藤が登場する場面から話を始めている。このとき佐藤が朝倉にこの制度を利用するよう持ちかけたという印象を与えておいた上で、佐藤と関連付けられる場面ばかりで話をつないでいく。

〈エス・オーインク〉の末期の経営状態についての調書は、単なる営業努力不足によって売上がさらに落ち込み、仕入先への支払い滞納が続き、新たな借入をしなければ即倒れる実質破綻の状態に陥っていた——と悪材料だけを並べている。リストラを重ねてコストが大幅に削られていたこと、夏の商談で売上増が確実となっていたこと、そして単年度黒字化が目前だったことなどの好材料には一切触れていない。

こうして〈エス・オーインク〉は生きる資格のない実質破綻会社だったという姿が裁判所に示された。

極端な言い方をすれば、パズルのピースのうち赤色だけのものを集めて無理やり貼り合わせ、まったく違った構図の絵に仕立て上げるようなものだ。

姑息《こそく》——この言葉しか思いつかない。こんなことに心血を注ぐのが特捜検事の仕事だったとは、情けない気持ちでいっぱいになる。もしも可視化が導入されていなかったら、検事はもっと強引なやり方で望み通りの供述調書を作っていたであろうことは想像に難くない。

*

井原左千夫の供述調書については論評のしようがない。

朝倉調書は前述のようなバイアスだらけの産物だとはいえ、そのバイアスを取り除きながら読めば佐藤側の調書や説明と大筋は同じストーリーだ。しかし、井原調書の場合はまったく別の物語——パラレルストーリーを読むような感覚になってしまう。

「佐藤さんに決算書を見せたところ、『累積赤字を消せば銀行からお金が出る』と言われました。『そんなことできるの？』と聞くと、『できる』と言われたので、佐藤さんに任せることにしました」（平成十七年一月、初めて会った場面）

「私は数字に弱くてよくわからないのですが、佐藤さんから『経常（利益）で一千万円以上ないと都市銀行は金を貸しませんよ』と言われたので、利益を水増しすることにしました」（十七年一月）

「ジャブジャブお金が入ってきたので、すごいな、佐藤さんは神様みたいな人だなと思いました」（十七年四月、銀行融資を受けた際）

「佐藤さんは『借りられるうちに借りておきましょう』と言って銀行から次々とお金を引っ張ったので、借入はどんどん増えていきました」（十七年春）

「……このように交際費を多く使うことができたのは、佐藤さんが銀行から簡単にお金を引っ張ってくれ、資金が余っていたからでした」

「佐藤さんが次々と融資を引っ張った結果、二十一年一月期は四億二千万円の銀行借入を抱えることになり、二十二年一月頃からは返済資金のためにまた借りるという自転車操業になってしまいました。それで私は『会社はもう終わりかな』と……」（二十二年一月）

粉飾を行ったのも佐藤の勧めに従ってのことだし、銀行からの資金調達も佐藤が先に言い出したことで、おかげで潤沢な資金を手にできたから「佐藤さんは神様」とまで持ち上げ、経営破綻も佐藤のせいだと言っている。

　佐藤側の言い分と対比していったらキリがないのでやめておくが、じっくり読むとあちこち矛盾があることに気がつく。井原は「数字に弱くてよくわからない」と言っているが、佐藤と出会う前から独力で利益を水増しして粉飾決算をしていたこと。井原は佐藤から「経常利益が一千万円以上ないと融資は出ない」と言われたと述べているが、別の調書では、これは以前に銀行員から教えられたことだと述べていること。

　ほかにもまだあるが、検事はこうした矛盾にいちいち突っ込みを入れる気はなかったようだ。それどころか、検事が目をつぶったことは山ほどある。

　押収された井原の手帳には、二十一年に佐藤から「リスケジュールをせよ」と厳しく言われたことが記されていたはずだが、これについて検事は井原に語らせず、調書化も証拠化もしなかった。

　また、井原が知人と交わしたメールの中には、計画倒産の動きについて佐藤に内緒にするよう念押しされた内容のものがあったという。だがこれも証拠化されず、検事は井原に「以前に佐藤さんからそういう方法があると教えられた記憶がある」と供述させて、佐藤を指南役にしようとしている。

　その計画倒産の目論見は最終的に、佐藤が井原に紹介していた弁護士が協力を拒んだために頓挫《とんざ》している。だが、調書はそのことに一切触れていない。井原に「結局自己破産しないことにしたので」と述べさせるだけにとどめ、まるで井原が自発的に踏み止まったようなストーリーにしている。

　検事は井原の悪質さを示す材料にあえて目をつぶっている。この検事の仕事は井原の悪質さを立証することではなく、佐藤を追い詰めることだったわけだ。これらは、井原が検事に言わされたというよりも、井原と特捜部の利害が一致した結果の産物なのではないか。

ところで、井原関係の証拠物の中に、井原が佐藤と出会ったばかりの頃に佐藤に送った手紙がある。その中に興味深いくだりがある。

「……昨年の四月頃、○○銀行の△△さんから融資を受けた際、ともかく売上を上げてください、そうすれば売上の二割は目をつぶっても融資できますから、といわれたこと、また、××銀行の担当者から、ともかく累積を消してください、そうすれば今度はプロパーで二千や三千出ますからといわれました。これを聞いて私は銀行の姿勢が変わったと思いました。それはあたかも僕に、ともかく数字をいじっても何してもいい、ともかく売上を上げて累積を消してくださいといっているように聞こえました……」（十七年四月七日付の手紙）

メガバンク二行の担当者から暗に粉飾決算をしろと求められたと理解していたことがわかる文章だ。佐藤によると、井原は別の機会にも「銀行員があそこまであからさまに粉飾を求めてくるとは思わなかった」などと驚きを語っていたという。

検察としてはこの手紙を、井原と佐藤の共謀を示す傍証として証拠提出する必要があったが、銀行が暗に粉飾を求めてくるという図式は消さねばならなかった。そのため井原調書ではこう言わせている。

「なお、この手紙には、○○銀行や××銀行の担当者から、売上を上げてくださいとか、累積赤字を消してくださいと言われたことについて、『数字をいじっても何してもいい、ともかく売上を上げて累積を消してくださいと言っているように聞こえました』などと書いてありますが、銀行の担当者はあくまでも実力で売上を上げて累積を消してくださいと言っていたのであって、数字をいじっても何してもいいなどと言っていたことはありませんでした」

銀行員性善説、コンサルタント性悪説のほころびをなんとか繕った苦しい説明だ。

誰のための正義なのか

〈エス・オーインク〉は東京地検特捜部の捜査によって倒産に追い込まれた。それはまぎれもない事実だ。結果的に潰れたのではなく、特捜部は朝倉を逮捕すればこの会社を潰すことになるのがわかっていながら、躊躇《ちゅうちょ》なくそれをやった。ということはつまり、特捜部は〈エス・オーインク〉を生きている資格のない会社だとみなし、自らが引導を渡す立場になることを厭わなかったということだ。

それでは〈エス・オーインク〉は本当に踏み潰されてしかるべき会社だったのだろうか。そのことを私はずっと考え続けてきた。

まず、逮捕がなかった場合はどうなったかを考えてみたい。過去四期がそうだったように〈エス・オーインク〉はその後も銀行返済を続けていけたはずだと言い切れるか。

逮捕翌月の平成二十三年十月から三ヵ月間の資金繰り計画（銀行向けに化粧されていないもの）を見る限り、卸先からの入金が集中する季節なので、予定通りの入金があれば、銀行返済や仕入先への支払い、人件費などの合計を売上が上回り、少なくとも新規借入なしで年越しできたことだけは確実だと言える。

その先を占うにはデータが不足するが、事業を続けるなら「新たな借入をしなければ返済できない状態」（検察側冒頭陳述）が続いたことは間違いないだろう。ただし、新たな借入をしなければ返済できないのは世の中のほとんどの会社に共通することで、極端な話、粉飾を続けている会社でも銀行融資が続く限り当分の間は延命可能なのだ。

それよりも問題は〈エス・オーインク〉が粉飾のトンネルから脱出できる会社だったのかどうか、そこがポイントだろう。

佐藤の経験則を信じれば、粉飾を続ける会社が再生するための道は、結局のところコストを削るか売上を飛躍的に伸ばすか、その二つしかない。コストを削らず売上も伸びないままで粉飾を続けていけば、銀行借入が年々膨らんで利息と返済の負担に圧迫され、会社はいつか沈没する。

そこで私は、無理を承知で知り合いのベテラン税理士に〈エス・オーインク〉の将来を占ってもらうことにした。といっても、手持ちのデータは押収を免れたパソコンに保存されていた資金繰り計画表、事業計画書などしかなく、これを持参したところ、税理士は最低でも過去二期の素の決算書がなければ判断のしようがないと言った。そこで私は検察の開示証拠をもとに素の決算報告書を復元して、これを参考にしてもらうことにした。最新の平成二十三年十月期の会計資料が断片的にしか用意できなかったので、税理士はまだ頭を抱えたが、足りない部分はやはり検察側の証拠に含まれるデータで補うしかなかった。

税理士が着目したのは、最新の売上見通し、経費総額の削減状況、銀行への返済負担の推移——この三つだ。詰まるところ会社の存亡を左右するのは、出る金と入る金のどちらが上を行くかだ。

売上は、二十三年十月期の上半期は前年を下回る状態だったが、利ザヤも金額も大きい下半期の売上は前期を大きく上回る見通しだったので、景気回復も考慮し、とりあえず前期並みで横ばいが続くことを前提とした。経費の面では、過去四年に計約九千万円のコストを削ってきたことは前述した通りだが、さらに逮捕翌月の十月から役員を二人減らす予定だったことも加味すると、年間の経費総額は急激に膨らむ前の平成十七年十月期の水準にまで戻されていたことになる。一方、銀行借入額は佐藤の登場によって平成二十一年に急増した後、さまざまな要因から増減を繰り返しているが、借入依存度は一貫して徐々に低下していた。

これらを見て税理士が最初に言ったのは「厳しいかもしれないねえ」だった。

コストは売上と見合う水準まで落とされ、返済負担もこの年商（年間売上）規模の中小企業の標準的な数字といえる。しかし、それでもまだわずかな利益が出る程度の状態なので、このままいけばいずれ返済負担に押し潰されてしまう恐れがある。現在の年商七億前後をかつての九億前後にまで回復させることができれば会社はまた順調に回りだすだろう。しかし、過去の粉飾による累積損失があるため、債務超過からの脱出は険しい道のりだ。

「コストカットをやり尽くしているのであれば、私なら頃合をみてリスケジュールをお勧めしますね。ただし、商いの形でみると、利益が出る形にまで戻しているのだから、累損を除外して考えれば将来性は十分ありますよ。かつての銀行ならこんな会社を放っておくはずがないし、今の銀行でも悪いようにしないのではないか。リスケに切り換えても事業継続は十分可能なのではないか」というのが税理士の結論だった。

リストラを一巡させたところで粉飾をやめ、リスケに切り換える、というのは、これまで佐藤がさまざまな企業に指導してきたパターンだ。〈エス・オーインク〉の場合は季節的な資金需要の波があることがネックとなり軽々にリスケに踏み切れずにきたが、会社が正常な状態に戻ったところで銀行にリスケを求め、再生への第二段階に踏み出す——それが佐藤にとって当初からの到達目標だった。

そこで結論――〈エス・オーインク〉はきっと生きていた。リスケに切り換えたとしても、少なくとも〈エス・オーインク〉が銀行融資金を焦げ付かせることはなかっただろう。

しかし、逮捕によって会社の営みは一瞬にして強制シャットアウトされ、その時点の借入金が自動的に全額返済不能になった。この事件で被害者と位置づけられたのは銀行だが、実際のところ銀行は回収できたはずの融資金を検察のせいで回収不能にされてしまったわけだ。

次に、特捜部の側に視点を移して考えてみよう。

この捜査がとても奇妙なのは、逮捕が時間との競争になっていたことだ。朝倉の逮捕容疑とされた融資は強制捜査の前月（六月）に受けた三件だけだったが、これは〈エス・オーインク〉が過去に受けた融資金をすべて約定通りに返済していたため、強制捜査の時点で大半が未返済だったのはこの三件だけだったからだ。そして、この融資金も七、八月と約定通りに返済が続いており、時が経つにつれて実質的な被害額は減っていく。このため、特捜部は逮捕を急がねばならなかった。

特捜部にとって問題だったのは、〈エス・オーインク〉の入金ラッシュが始まる九月下旬が刻々と近づいていたことだ。下旬の入金分だけで被害金額はすべて前倒しで返済可能になってしまう。朝倉側は強制捜査によって宣戦布告を受けている立場なので、他への支払いを後回しにしてでも被害金額をゼロにしてくることは十分に考えられた。九月十五日という逮捕日は、朝倉に被害金を返済される前のギリギリのタイミングだったわけだ。

問題なのは、特捜部がこのまま放置しておけば被害金額は消滅すると知りながら、逮捕によって強引にピリオドを打ち、被害を発生させたことだ。検察は被害を食い止めることよりも、逮捕という実績を挙げることを優先したことになる。

この捜査でもう一つ不可解なのは、特捜部が朝倉の逮捕容疑に借り換え分の融資金額まで含めてしまったことだ。

朝倉の逮捕容疑とされた三件の融資金額は合計一億千三百万円だったが、このうち約八千五百万円は、以前に受けた融資金の残金を借り換えにしたものだった。つまり、今回の融資で朝倉が実際に得た「真水《まみず》」の資金は二千八百万円だけだった。朝倉にとってはこのとき借り換えにしてもしなくても大きな違いはなく、たまたま銀行員から借り換えを勧められたためそうしただけだった。

過去のこの種の事件をみると、借り換え分を除外して真水分だけで立件するのは半ば常識の範疇だといえる。元特捜検事（弁護士）によると「借り換え分も詐欺罪の類型に当てはまりはするが、本件犯行によって発生した被害金額は真水分だけなのだから、このケースは当然、借り換え分を除外するべきだった」という。現に後の裁判で東京地裁の判決も、借り換え分を除外した金額で佐藤と朝倉の罪状を判断している。

そうなることは特捜部も最初からわかっていたはずなのに、あえて借り換え分まで含めたのはなぜだろう。検察幹部が指摘しているように、被害金額一億円のボーダーラインにこだわり、世間に対して少しでも派手な事件に見せるためだったのではないか。

この被害金額の多寡は朝倉にとって大きな意味を持つ。というのは、朝倉が法人、個人ともに破産するとその時点の負債はなくなるが、詐欺の被害金に関しては被害者（銀行と保証協会）に対する賠償責任が残る可能性があるからだ。つまり、朝倉が罪を償って第二の人生に踏み出すときがきても、銀行などから請求を起こされた場合、彼は一億を越す賠償義務を背負い続けなければならない可能性があるのだ。特捜部の仕打ちはあまりに残酷だった。

そもそも特捜部はこの捜査に着手した七月六日以降、あらかじめ描いていた筋書きと現実とのギャップに次々と直面し、これを乗り越えるために無理を重ねねばならなくなっていった。

最初の誤算は、コンサルタントが首謀者であるはずだという見立て違いだった。佐藤が首謀者なら当然あるはずの個人利得がなかったことは特捜部にとって大きな衝撃だった。そして、間接利得という苦しいストーリーに切り換えねばならなくなった。そのために〈Z社〉自体が粉飾決算の推奨によって収益をあげる詐欺株式会社であるという構図で捜査を進めねばならなくなった。そして、代表者である河本を首謀者として逮捕することで、このストーリーは完結するはずだった。河本の顧客企業二社を巻き込む捜査拡大方針は、こうやって出来上がっていく。

このストーリーの大いなる設定ミスは、多くの中小企業が粉飾決算を余儀なくされ、良心的なコンサルタントや税理士、会計士たちはそれをサポートせざるを得なくなっているという現代社会の構造的問題を見落としていた点だ。

特捜部はこうした現実から目を背け、「悪者」と「被害者」という単純化した図式に当てはめるために悪戦苦闘を重ねていく。銀行が被害者であらねばならないということにこだわったのも、このためだ。しかし現実には、少なくとも制度融資においては、銀行は中小企業と一蓮托生というべき立場だった。

また、佐藤首謀のシナリオでまとめるための予期せぬ障害となったのは、朝倉の頑固さだった。井原はシナリオに沿う供述をしてくれたが、朝倉は頑として事実を曲げようとしない。しかし、佐藤を首謀者にしなければ、この事件は単なる個別の中小企業による粉飾決算の話になってしまう。それだけなら世の中に掃いて捨てるほどある話で、特捜部は世間の笑いものになる。そこで難儀を強いられたのが、朝倉の取り調べを担当した検事だった。検事は持てるテクニックの限りを尽くして朝倉を押さえ込みにかかる。こうして可視化の理念は現場の取調室で完全に骨抜きにされた。

法と正義のプロフェッショナルであるはずの彼らの捜査は、こうして途中から真実の追及とは別のものになった。

朝倉亨がやったのは、会社の決算書の数字を修正して赤字を隠し、これを使って銀行から融資金を引き出した、というものだ。それ以上でも、それ以下でも、まったくない。これと同じことをやっている会社が現在どれだけあるかという問題はこの際、除外して考えよう。どれだけ多くの車が制限速度を守っていなくてもスピード違反はスピード違反なのだ。これと同じように、朝倉がやったことは詐欺罪にあたり、罪の成否は揺るがないのだから、処罰は免れない。

しかし、特捜部の独自捜査には「大義」が必要とされてきた。大義とは、法律家の用語では「処罰価値」「社会的意義」などと言い換えられている。

では、〈エス・オーインク〉を踏み潰すことにどれほどの社会的意義があったのだろうか。

私が特捜部担当の記者をしていたのは二十年ほど昔のことだが、当時私はある上場ゼネコンの粉飾決算を暴く内部告発資料を入手して、これを特捜部の副部長に持ち込んだことがある。資料に目を通した副部長は言った。

「確かに粉飾かもしれないが、現に今生きていて大勢の人が働いている会社を倒産に追いやる価値があるのかなあ。粉飾の捜査というのはね、基本的に会社が機能を停止した後だからできる捜査なんだよ」

この副部長は当時、一部の上司から「仕掛かり品の○○」と陰口されていた人だ。仕掛かり品——つまり捜査途中で棚上げした事件が多いことで知られていた。これを弱腰と揶揄《やゆ》する人もいたが、それは「引き返す勇気」をこの人が持っていたからなのだと今になって私は思う。

その五年ほど後にも私は大手証券会社が巨額の損失を「飛ばし」によって隠蔽《いんぺい》している証拠資料を手に入れて特捜部に持ち込んだ。しかし、このときも特捜部は動かず、四ヵ月後、この証券会社が経営破綻してからやっと捜査に入った。

当時は歯がゆさしか感じなかったが、五年前に副部長に教えられた捜査哲学の言葉が耳に残っていたから納得できた。

バブル崩壊直後だったあの時代と違い、近年は上場企業の粉飾決算が表面化した場合、行政も司法も厳しい姿勢で臨む時代になっている。しかし、中小企業の粉飾決算はいわば構造的問題として考えるべきで、大手上場企業の利己的な動機による粉飾とはまったく別次元の問題だろう。だからこそ行政は、粉飾に追いやられる中小企業を救済するためにさまざまな支援策を打ち出してきた。

中小企業が粉飾決算をしないと生きていけない状況をどうすべきか考えるのは金融行政の仕事であって、司法の役目ではない。

朝倉の犯罪に処罰価値を見出せるのは「震災詐欺」という部分だけだ。しかし、震災復興保証制度を含めた国の信用保証制度とはそもそも〈エス・オーインク〉のような会社を支えるために拡充されてきたものだ。

銀行は自らの与信判断では貸せない企業が相手でも目をつぶり、先を争って保証付き融資を受けさせてきた。これはつまり、制度融資とは銀行が貸せないグレーゾーンの企業群を救済するためのものだということだ。

佐藤らの逮捕の数日後、私はある会合で証券取引等監視委員会委員長の佐渡賢一と同席する機会があったので、この事件についてどう思うかと佐渡に尋ねてみた。

「あれは特捜がおかしいんだよ」と佐渡は即答した。「制度融資というのは元々、ある程度の焦げ付き覚悟の大盤振る舞いとしてやってきたものなんだから、それを詐取したといって中小企業を叩くのは筋違いなんだよ。ただし、これはあくまで外野席からの感想だよ」

佐渡は元東京地検特捜部副部長、福岡高検検事長などを歴任した経済事件捜査のスペシャリストだ。そして現在は証券・金融業界の検査を行い、悪質な不正を検察に告発する立場でもある。捜査のプロであると同時に金融行政に携わる立場の佐渡だからこそ、この捜査の欺瞞《ぎまん》を見抜いていたのだろう。

佐渡と同じような考えを聞かせてくれた人がもう一人いる。佐藤らが逮捕された日の夜、私はある警察官僚に電話して、この事件をどう思うかと尋ねた。彼は言った。

「どうしてあんな事件をやるんですかねえ。特捜さんが今回捕まえたのとまったく同じことをやっている会社を見つけてきてほしいと言われたら、うちの捜査員なら多分、一週間で三社は見つけてきますよ。特捜さんが銀行の味方をして中小企業をやっつけるなんて、おかしな時代になりましたよねえ。銀行をやっつけて世間の溜飲《りゅういん》を下げるのが特捜さんの役目だろうに」

ちょうどこの一年前、警視庁は経営破綻した銀行の経営者を銀行法違反容疑で逮捕した。この銀行は貸し渋りに苦しむ中小企業への融資を積極的にやってきた結果、巨額の不良債権を抱えて経営破綻に至った。つまり、この銀行の融資先の中小企業の一部は粉飾決算をして融資審査をパスしていたわけだ。しかし、警視庁は融資先の中小企業に捜査の矛先を向けることはしなかった。

また、証券取引等監視委員会も以前、〈エス・オーインク〉とは比較にならないほど大規模な上場企業の粉飾決算を調査したが、検察には告発せず、課徴金処分勧告という行政処分だけで済ませている。

ところで、警察官僚は「おかしな時代になった」と言ったが、この感想はまさに現在の特捜部の実情を言い当てている。もともと捜査力低下が各方面から指摘されていた特捜部は平成二十三年の一連の検察改革を経て、今では大企業を向こうに回して真っ向から切り込むほどのパワーを発揮しにくい状態になっている。

二十三年の検察改革論議が進行中の頃、ちょうど検事総長の笠間と同期にあたる検察OB（弁護士）はこんなことを言った。

「あれはもう死体を前にして治療法を考えるような論議だよ。特捜はもう死んでいるんだから」特捜部出身のこの人は、飲むたびに毎度これを口にするほど古巣の惨状を嘆いていた。

佐藤、朝倉の事件は「特捜vs個人」の図式で、孤立した被疑者を相手にする捜査だが、大企業や中央官庁に切り込む捜査は被疑者の背後に大組織が控える「特捜vs大組織」の図式になり、その労力の大きさは今回の比ではなくなる。可視化への対応、三重の監視態勢などによって手枷足枷をはめられた現在の特捜部に、そのような捜査を求めるのは酷な話だろう。ただし、大企業側が恭順の意を示して被疑者を差し出してくるような事件の場合は別だ。

そして二十三年夏、特捜部がターゲットに選んだのが佐藤、朝倉だった。

意地悪な見方をすれば、「弱い者いじめしかできなくなった特捜部」――そんなところだ。

こうしたことを考え合わせると、この捜査はいったい誰のための正義だったのか、と考えざるを得ない。特捜部のための正義でしかなかったのではないか。

＊

私には、宗像紀夫にどうしても言わせたい一言があった。

もし宗像が現在の特捜部の主任検事だったとしたら、このような捜査をやったのか――「私ならやらない」の一言が聞きたかった。

特捜検察のすべてを知り尽くし、そしてこの事件の捜査結果については弁護人の立場で詳細に吟味する立場にある宗像ほど、この質問をぶつける相手としてふさわしい人はいないはずだ。

この事件の裁判が始まった二十四年一月、宗像の事務所を訪ねた。そのときのやり取りの一部を紹介したい。


――詐欺罪の成否以前の問題として、そもそもこの捜査はやるべきものだったのでしょうか。

「どういうところに視点を置くかの問題なんだけど、（特捜は）震災がらみの政策の一つである保証制度や中小企業支援のための保証制度を悪用したという視点からとらえて、これならまだやる価値があると、そういう考え方をしたんだろうね。普通の中小企業が決算のマイナス一億円をプラス一億円に変えて金を借りたというケースだったら、これはやる価値はない。中小企業ってなかなか借りられないんだからね。通常の会社の経営状況をよく見せてお金を借りるというのは、これは普通の業態だと思うんだよね」

——宗像さんならやりますか。〈イハラ〉は除外して〈エス・オーインク〉を捜査対象にしますか。

「〈エス・オーインク〉の場合は会社が動いていて、しかも、返済できる形になっていて、という感じだから、これを潰す感じになっちゃうから、そこの裏に何かがあるのでなければ、普通はやらないね」

——特捜部は捜査の社会的意義を考える必要があるのではないですか。

「それはなかなか難しいところなんだよ。本件の場合はもともと、〈イハラ〉が種田の事件からつながっている事件で、種田の事件では起訴を免れたけど、どうも井原は別なところで同じようなことをやっているというので、そこに目をつけた。いわば特捜にとってはリベンジだよ。種田の事件でできなかったものを、こちらの事件でやった。そして、これに関連して〈エス・オーインク〉が出てきた。こちらは震災関連ということで、キャッチフレーズとしては十分なものだと考えた。私に言わせればこんなもの、全然意味ないと思うんだけどね」

——可視化と捜査へのチェック強化の影響で、特捜部の捜査はやりやすい方向に流れていくという懸念はないでしょうか。今回は弱いものいじめにも見えます。

「まあ、底の浅い事件しかなかなかできないようになってきたのはおそらく本当だね。内偵を重ねて、金鉱金脈があるのがわかって、ドンというようなものじゃなくて、目の前にボンと転がったものをやると、そういう感じだね」

——可視化によって相手が海千山千だと避けたくなるのでしょうか。

「その前に、端緒を獲得できていないんだよね。前は、端緒を手繰り寄せて、いろんな人に協力してもらって、それで初めて捜査ができた。それが多分、今は、わからないけど、ないんじゃないかね」

——今後ますます、そうなっていくんでしょうか。

「底の浅い事件しかできないだろうね」

——ある警察官僚は、こんな捜査はやらないとあざ笑っていました。

「そうそう。だって、震災復興の保証を受けた会社を調べていったら、かなりの数がそれ（粉飾）をやっているはずだよ。捜査をもっと広げたいんなら、中小企業向けの保証融資を受けている会社を全部調べてご覧よってことだよ。ほとんどマイナスの会社だよ、多分。そんな捜査をやっていったら大変なことになるでしょ。だからつまりね、こんなものは検察のやるべき領域じゃないんだよ。金を貸す銀行が相手企業の与信について検討して判断するわけなんだから、銀行の判断の誤りを検察がやる話じゃないんだよ。そんなものを検察がやっていたらおかしくなる」

*

私が九月十五日に佐藤の上申書を届けた検察首脳と再び会ったのは、翌二十四年一月下旬のことだ。私はこの捜査に対するやるせない思いを長々と首脳に話し、首脳は暗い顔をして短い感想の言葉を挟むだけで、あまり多くを語ろうとしなかった。

「私としては、これが天下の特捜部のやるべき事件なのかという思いです」

「確かにこれは、処罰価値があるのかというと問題だね」

「あの上申書がもう少し早く届いていたら事態は変わったでしょうか」私が気になっていたことを質問すると、首脳は思案顔で言った。

「あの上申書のような背景があることをメディアが盛大に報じていたら、流れは変わったかもしれないね」

捜査の潮目がメディアの論調に流されるというのはおかしな話だが、現実に検察の組織にはそういう傾向がある。

私は特捜部の検事たちが取り調べの中で「粉飾をしている中小企業は何社潰れても仕方がない」という趣旨の発言を繰り返していたことを首脳に話した。

「確かにそのような言動はよくはないね。もし本当にそんなことを言ったんだとしたら問題ですよ」

話の信憑性を疑っていることが顔に書いてあった。私は言った。

「お疑いなら、佐藤氏が拘置所で取り調べ内容を記録したノートに書いてあります。河本氏からこの発言を報告された宗像弁護士は『このご時世にそんな発言をしたことを表に出したらとんでもない問題になるぞ』と憤慨していました。だからこそ宗像弁護士は特捜部の主任検事に苦言したのだと思います」

首脳はしばし絶句していた。

「まあ……難しいなと思うのは、我々も現場に（捜査を）やめろとはなかなか言いにくいところなんですよ。自分だったらどうするかというのはまた別の話だよね」

終章　冬

十字架を背負う男

プラットホームと呼ばれるこの広大な建物で、日にいったいどれくらいの数の荷物がさばかれるのだろう。それはまったく見当もつかないが、誰かに聞いてみる気もおきない。深夜になってもトラックは続々とここに着けられ、二、三百人の男たちが黙々と荷を降ろし、方向別のベルトコンベアーに乗せていく。荷物がたまりだすと、自然に言葉が荒くなっていく。

「おい、ボケぇ！　はよせんか！」二十代の若者に怒鳴られる。

「はい」と自然に返事ができる。

そんなことよりも、風が痛い。師走も末に近づいて、耳の先が凍りそうなほど風が冷たくなってきた。ここは横殴りの風がびゅんびゅん吹き込んでくる。

都内某所の荷物配送所——朝倉亭は保釈翌月の十一月十日から、ここで仕分けのアルバイトを続けている。週五日、夜七時から朝六時まで徹夜で働いて、日給一万二千円。ネットや求人誌で探した中で最も実入りのいい仕事がこれだった。
始めた頃はお歳暮シーズンで、米やリンゴ、季節の味覚が詰まった箱が足と腰にきた。仕事を終えて帰る頃には歩くのがやっとで、閑散とした早朝の電車にたどり着くと、崩れ落ちるように座った。

毎日三十人ほどの新入りがきて、二十人は途中で消えていく。自分は逃げ出すつもりはない。風邪をこじらせて一日だけ休んだ。それはそのまま一万二千円の収入減を意味した。お金の重さをこれほど実感できる仕事はない。こうして体をいじめる仕事の方が、ある意味で楽だと思う。人と口をきかなくて済むから。破産で多くの人に迷惑をかけた。これは償いのための労役なんだと思っている。自分は法人も個人も破産を申し立てた身だが、働いて返せるだけは返そう、償いをしよう、そう決めている。

ここで働く人は、体力のある十代、二十代が多い。マスクとヘルメットをして目しか見えないので、四十八歳のこんなおじさんが混じっていても誰も気に留めないらしい。ここの作業を見ていると、経営者だった頃の自分が顔を出して、もっと効率よくするために改善できそうなアイデアが浮かんだりもする。でも口は開かない。与えられた作業をロボットのようにやるだけ。出勤して作業に入るときも、時間がきて抜けるときも、あいさつの言葉は誰も口にしない。怒鳴られて「はい」と答えたほかに、きょうは何回、口を開いただろう。

休憩時間は黙って座り込む。体を休めて、仕事について考える。

仕事とは時間を忘れるものだと思っていた。好きな仕事をやれることがどれだけ幸せなことなのかと今は強く感じている。やっぱり洋服だ、と心に決めて就職し、下働きから苦労の連続で、それでも好きな世界に入れたから、収入は二の次だと思っていた。一生懸命やってそれに収入がついてくるって非常に幸せなことなんだなと今は思う。二十五年ぐらいだけど、好きなことをやって収入を得た時間があったんだなあ。幸せだったんだなあ。自分の好きなことでメシを食えるって、最上級の人生だと思う。

休憩時間が終わる。黙ってラインに戻る。かじかんだ手で箱を落とさないように、迅速に、的確に……。

＊

朝倉が最初に現実を思い知らされたのは、保釈の翌日、妻に逮捕時の新聞のコピーを見せてもらったときだった。家族や親戚、周囲の人たちは事件の報道で大騒ぎになっていた。身内から犯罪者を出したのだ。妻はその矢面に一人で立たされていた。

とりわけタイミングが悪かったのは、朝倉が逮捕前日に親類から五百五十万円を借りていたことだった。その親類から「うちも騙されたのか」と思われても仕方のない立場だった。

「本当に一週間で返せるはずだったのに、逮捕ですべてが狂ってしまったんです」妻は親類に必死で説明したという。でも、疑われても仕方のない立場だ。詐欺を働いた「朝倉亨容疑者」と新聞に書いてあるのだ。誰だって新聞を信じる。

朝倉はコピーに目を通してから、自分の親、妻の親、親戚に電話した。釈明の言葉など出てこない。ただ「すまない」と詫びるしかなかった。

何よりこたえたのは、親族の一人が事件後に離婚していたことだった。夫婦の間に何があったのかはよくわからないが、身内の逮捕が引き金になったのは確かだという。本人に会って一言詫びたかったが、会ってくれなかった。電話にも出てくれない。「今はそっとしておいてあげなさい」と母に言われた。

保釈から二十日間ほどは、弁護士事務所に出かける以外、ほとんどの時間を家の中で過ごした。出かけるときも人目を避けて移動した。破産によって迷惑をかけてしまった百数十社の債権者たちに頭を下げなければいけないのはわかっていたが、まだその勇気が持てずにいた。

今後の人生をどう組み立てるかを考えると不安にさいなまれた。何の光明もない。先を見据えて立ち上がろうにも、自分には何もない。今は破産に伴うあれこれだけで頭が一杯だ。自分一人の身などどうにでもしてくれ。刑務所に行けというならそうするから、早く決めてくれ。自分はどんなことにでも耐えられる。

保釈の数日後、朝倉は妻に離婚を切り出した。

「俺といてもまったくプラスはないし、何も生まれない。だから……」

これ以上、妻に重荷を負わせたくないという思いだった。

だが妻は言った。「私にも責任があるから」

妻は離れていかなかった。

〈エス・オーインク〉の破産を裁判所に申し立てたのは十月十七日だ。その日午後五時から破産の手続きが開始された。

翌週、朝倉は携帯電話を買った。買ってすぐ、仕入先で最大口の債権者の四人に電話した。日雇い仕事を始める前に、少なくともこの四人にだけは直接会って頭をさげなければ——何日も前からそう考え続け、ようやく立ち上がった。

四人とも、粉飾決算をしていることは以前から話していた人たちだった。でも、頭を下げて許してもらえるとはもちろん思っていなかった。どんな叱責をされようと仕方ないと覚悟していた。

中でも最大の損害を与えてしまったのは、〈エス・オーインク〉の旗揚げ当時からお世話になり続けだった仕入先の会長だった。買掛金が三千二百万円、このほかに個人で借りた二千万円の残金が千二百万円あった。七十歳を過ぎ、糖尿病を患っていると聞くがまだまだ健在で、社長職を譲った息子を今も現役で支えている人だ。

会社に顔を出すのはさすがに怖くて、近くの喫茶店まで出てきてもらった。

「意外な展開になっちゃったんだねえ」会長は腰を降ろすなり、柔らかな口調で言った。朝倉は意表を衝かれた。

「……会長、そういうお話じゃないと思います。本当に申し訳ございません、こんな結果になりまして」テーブルに擦り付けるほど頭を下げた。

「もういいんだよ。今までの十何年、そのぐらいの儲けはさせてもらってきたんだから」

「私は全然よくありません……」

昔から意表を衝かれる人だった。怒るかと思えば笑う。笑うかと思えば怒る。付き合いが始まったのは、前の会社で仕入れの仕事をしていた二十年ほど前のことで、当時から朝倉を高く買ってくれていた。二千万円を借りたのは〈エス・オーインク〉を立ち上げたときのことで、それを全部返しきる前に会社を傾けてしまった。数年前からは仕入れの代金を一、二ヵ月遅らせることが多くなり、佐藤と二人で「しばらく待ってください」と頭を下げに行くのがどれだけ憂鬱《ゆううつ》だったことか。相手も商売なのだから、もちろん「いいよ」とは言わなかった。いつか会社を建て直してこの人と笑いながら酒を飲むことをどれだけ夢見たことか。

会長は朝倉に言った。「債権者集会には行かないよ」

ほかの債権者たちとともに朝倉をつるし上げする気はないという意思表示だった。

十一月に入ってから、何年も会っていない会社員時代の元上司からいきなりメールがきた。

「一生懸命やっても生かしてくれない時代が憎い。独り飲み、帰りに歩きながら涙が溢れた。皆のため、会社のため進んできた朝倉を俺は責めないよ。これも朝倉に与えられた運命だ」

朝倉はこのメールが消えてしまわないように保存している。

〈エス・オーインク〉が取引先に与えた不良債権は、年末の時点で総額約二億五千万円と推計された。仕入先だけでなく、事務用品リースやオフィスの賃貸料まで含めた大小約二百五十社の合計だ。これに銀行への借入残を合わせた負債総額は約六億円。

アパレルは一本の長い川のような業界だ。最上流にある製糸業者から最下流の小売業者までが縦に連なる。〈エス・オーインク〉の破産は川の上流へ上流へと深刻な影響を広げていった。

最初の一波で押し流されたのは、下請けの縫製業者だった。委託先の縫製工場は地方に五十ほどあった。ほとんどが法人組織ではなく、家の隣に小さな工場を建て、夫婦とパート数名でやっているような業者たちだ。〈エス・オーインク〉に百パーセント依存していた東北地方の業者がまず、十月初めに廃業に追い込まれた。続いて、同じような縫製業者がまた二つ、事実上の廃業に追い込まれた。

さらに、生地業者、ボタン業者なども未回収が膨らんだ上、大口の客を失ったことで、窮地に追い込まれている――朝倉の耳にそう伝えられたのは十月下旬のことだ。まさに連鎖倒産が起きようとしている。だが、朝倉はそれらの業者がその後どうなったのかを聞く勇気がいまだに持てないでいる。

──私としても何とかして払いたかったんです。でも口座が凍結されて、私自身は塀の中で、どうしようもなくて……。

そんな言い訳をこれらの人たちに聞かせても、何の足しにもならないだろう。会社を失う辛さなら自分が一番よく知っている。

〈エス・オーインク〉の社員、契約社員などスタッフは総勢四十五人ほどいたが、このうち年末までに再就職先が決まったのは四人だけだった。朝倉の不在中に一人で陣頭指揮を執り続けた取締役は、残務整理を済ませた後、十一月からやっと就活をスタートしたが、決まらないまま無職での年越しとなった。子供が二人いるのに、どんな正月を過ごすのだろうと朝倉は思わずにいられない。

会社は名の通ったブランドを三つ持っていたので、事業譲渡の話も一時出ていた。朝倉は社員たちの今後の生活のために、三ブランドのうち自社スタッフによるデザインでやってきた一ブランドだけは別会社で継続させられないかと望みをかけていた。だがやはり、事件によるイメージダウンを懸念する声もあり、あのような唐突な形で会社に終止符が打たれてしまった後になってからでは、それもはかない望みに終わった。


年が明けて、朝倉の中で少しだけスイッチが切り替わった。

新年早々、妻の実家に行って頭を下げ、それから自分の実家の岩手にも行った。思い切り迷惑をかけたのに、自分たちのことをひどく心配してくれていた人たちと会えたことが、やはり大きかった。

年の瀬までは、実刑判決を受けて刑務所行きになるのならそれでいいとしか思えなかった。だが、実家の両親はそれを恐れていた。刑務所にいかなくて大丈夫だよね、と、一番に聞いてきた。ああ、こんなにも心配してくれている。それから少し考えが変わったと思う。自分が刑務所行きになることで、年老いた両親、そして妻をさらに悲しませ、苦しませることになる。実刑にならないようにできることをしなければ。

一月二十七日、簡易裁判所で一回目の債権者集会が開かれた。朝倉が裁判の初公判よりも恐れていた針のむしろに座る日。だが、実際の集会はそっけないものだった。

債権者は大小合わせて二百五十前後と聞いていたが、出席した債権者は三十数人だった。破産管財人からの収支報告。資産・現金の額、債権額について紙が配られる。引き続き、個人の破産についての報告も行われ、二十分で終了。拍子抜けするほど事務的なものだった。

朝倉はこの日のために、債権者に対する謝罪の弁を原稿にして用意していた。原稿を見ずに謝罪できるよう頭に叩き込み、罵声を浴びながら頭を下げる自分の姿を想像していた。だが、実際は発言の機会はなく、債権者が発言する機会もなかった。

ただ、帰るとき、集会室を出てエレベーターに向かうところで待っていたらしく、声をかけてきた債権者が二人いた。一人は「朝倉さん、個人で返してよ」と詰め寄ってきた。もう一人は「またアパレル業界で頑張ってよ」と励ましの言葉をかけてくれた。

朝倉はどちらにも「すみません」と小さい声で返し、逃げるようにエレベーターに乗った。それしか言えない。自分は裁判の判決でどうなるのかもわからない身なのだ。

二月、朝倉は荷物配送所の仕事を再開した。二ヵ月単位の契約なので、一月は持病の治療や裁判の打ち合わせなどに充てた。

寒さは一段ときつい。朝倉は鼻を赤くし、立ち上がるとき顔をしかめるのが癖になった。朝倉の人柄を知るかつての取引先からは「うちで働かないか」との誘いがいくつかあったが、朝倉はすべて断った。あれだけ多くの人に迷惑をかけた業界に戻るわけにはいかない。少なくともあの業界にだけは近づきたくない、そんな思いだった。

朝倉は通勤の途中、ショーウィンドーの洋服たち、行きかう人たちの服装、電車の車内に吊られたファッション雑誌の広告、それらすべてから目をそらすようになった。昔はそれらをすべて無意識にチェックするのが習慣だった。子供を亡くした人が同じ年頃の子供から目をそらしたくなる心境と同じなのだろうか。

*

私が保釈後の朝倉に手紙で取材を申し込み、そして聞き取りを重ねるようになったのは十月三十日が最初だった。このとき文字通り絶望のふちで喘ぎ苦しんでいた朝倉が、それから少しずつ前を向いて歩き出す姿を目の当たりにしてきた。

朝倉に佐藤への気持ちを尋ねたのは、初めて会ったときのことだった。

「もし佐藤さんと会わなかったら、会社は平成二十一年で潰れていたかもしれません。私は絶対に自分からギブアップはしない人間ですが、経営は行き詰まっていたでしょう。結果論ですが、二十一年に潰れていたら、残った債務は現在の半分で済んだと思います」

「では、佐藤さんを恨みますか?」

「いいえ、まったく」と朝倉は即答した。「私、運命ってあると思うんですよ。倒産に至るのも結局、天がやめろってことだと思う。恨むなんて言葉はどこにもないですよ。私に対する捜査が始まった七月、佐藤さんは何度も何度も私に『すいません』と頭を下げてくれたんです。私は彼に言ったんです。『これらはすべて、私が一つひとつ自分でやってきたことです。万一逮捕されるなら、私はそれを受け入れますよ』ってね。その考えは今も変わっていません」

検察への思いを語ってくれたのは十二月だった。

「私ね、検事にひとつ聞きたいんです」

事件の経緯について話を聞いているとき、朝倉は唐突にこう言って、ゆっくりと言葉を選びながら続けた。

「検事さん、あなたは、今やってること、好きですか？　なにかをプラスにしている仕事なんですか？　その仕事で何かがプラスにならなくてもいいんですか？　いつも、どういう気持ちで過ごしてるんですか？」

それから私を見据えて言った。

「七月二十五日から起訴の日まで……人間じゃないですよね、あんなこと……。これが社会なんですか。私はずっと、好きなものを触って仕事してきました。その品物を喜んで着てくれる人たちがいた。彼ら（検事）は何が目的で生きているんですか、教えてください」

母の詩、明日の夢

佐藤は保釈後、少し涙もろくなった。

自分が逮捕されたせいで顧客の社長たちがどんな苦境に立たされていたのかを初めて知らされ、己を呪《のろ》って泣いた。

それなのに、その社長たちが自分を恨みもせず温かい言葉をかけてくれるたび、優しさが胸に迫ってまた泣いた。

逮捕されるまでの自分には、社長たちを助けてやっているんだという傲慢な考えがどこかになかったかと、今になって自問する。そんな自分に、「いいんだよ。あなたは胸を張ってください」と言ってくれる社長がいた。「佐藤さん、困ったよ。助けてくれよ」と相変わらず頼ってくれる社長がいた。人への感謝を胸に刻むことの大切さを社長たちに教えられていた。

しかし、これからの自分はもう二度と、コンサルタントとして社長たちに恩返しをすることは許されない立場だ。これから被告人として法廷に立ち、反省の意を示すためにも、コンサルタントの仕事に戻るわけにはいかない。それが辛い。〈Z社〉は十月三十日付で解雇されることが決まっていた。


保釈翌週の十月十七日、佐藤は一番古くからの顧客会社の社長を訪ねた。自分がどんな経緯で逮捕されたのかをきちんと説明して、迷惑をかけたことを詫びておきたかった。

この社長も窮状に陥っていた。事件の影響で取引銀行二行から融資を凍結され、計画していた事業が頓挫しかけているという。社長は言った。

「あなたが逮捕されて落ち込んだんだよ。羅針盤を失ったようなものだ。銀行からの風当たりは強いし。そしたらうちのかみさんがね、『あなたが落ち込んでどうするの。一番辛い思いをしてるのは佐藤さんよ』って言うんだよ。僕だって何があっても信じてたよ。新聞に書いてあることは何かの間違いだろうって思ってたんだよ」

佐藤は返す言葉もなく、涙を流した。社長が十年来の付き合いで初めて見る佐藤の涙だった。

「僕は今後もずっと佐藤さんとお付き合いしていきたいと思っていたんだ。かみさんにも強く言われたんだよ。『あなたは佐藤さんにどれだけお世話になったと思ってるの。佐藤さんがいるからあなたがいるんでしょ』ってね。ただ、銀行の手前があるから……」社長は辛そうに言った。

銀行は「もう佐藤氏とは付き合いませんよね」と念を押してきたという。「付き合ったら社長のためになりませんよ」とも。

「いいんです、社長。そのお言葉だけでもう十分です」佐藤はそう言うのが精一杯だった。

翌十八日朝、佐藤は海辺の地方都市の駅にいた。この街で食品加工会社を営む顧客の社長から「ぜひ会って話したい」と呼ばれた。

社長は自分で車を運転して駅まで迎えにきてくれた。これから取引銀行二行の支店に説明に行くので、まず一緒にきてほしいという。

社長の会社は取引銀行二行にまで特捜部の家宅捜索が入り、問答無用で融資ストップを食らうという大打撃を受けていた。

銀行と約束した十時までまだ間があるので、港に寄って車を止めた。

「……なんも佐藤さん、そんなに悪いと思わなくていいよ。どーんとしてりゃあいいよ。恥ずかしいことしてないんだから」

「そんなこと……社長、迷惑をかけまして」

「迷惑じゃないよ。あんたと出会ってなかったらずっと前に会社は潰れてるよ。みんなそう思ってるよ」

佐藤は車の中で泣いた。秋晴れの海がまぶしかった。

それから二行の支店長を一人ずつ訪ね、佐藤の口から事情を説明した。

「お気の毒でしたね」と支店長の一人は佐藤に言った。「よくあることですから。まあ我々も粉飾ですと言われたら困るけど、震災復興保証のパーセントが足らないからちょっといじるぐらいならね……」

同情的な言葉をかけられたが、銀行は特捜部の捜索まで受けただけに、佐藤に対する拒否反応が強いようだった。とりわけ保証協会がこの会社をグレーに見ており、社長が佐藤と手を切らない限りは金輪際、保証付き融資は受けられないと暗に言われた。

社長は最後まで佐藤をかばった。支店長から「今後は佐藤さんとどうされるんですか」と聞かれたとき、こう言った。

「それはおいおい考えますよ。まだ判決も出てないんだし――それは支店長さん、あなたに言われることじゃないよ」

佐藤は支店を出てから社長に言った。「だめですよ、社長。明日にでも支店長に電話してコンサル契約を解約しますと言ってください」

その夜、地元の海鮮居酒屋に案内された。カウンターに社長と並んで杯をかわした。

「佐藤さんはいろんな会社のために体張ってきたんだから、裁判所だってわかってくれるよ。こっちはこっちでなんとでもなるって」

佐藤はずっと涙が止まらず、会話ができなかった。おいしい海の幸にほとんど箸を付けられなかった。

「あーあ、こういう帝国大学を出た人を泣かすのもいいもんだよな」社長は笑って言った。

もう一人、佐藤を泣かせたのは別の食品会社の社長だ。佐藤の指導で以前に銀行にリスケジュールを申し入れ、なんとか会社再生を果たしつつある会社だ。

「佐藤さん、ごめん。銀行の手前、会社としては付き合えないんだけど、俺個人の給与からだったら出せるからさ。住宅ローンも終わったし、月五万でよかったら、また一緒にやってこうよ」

今後もコンサルタントとして契約してくれるという申し出だった。会社からコンサル料を支出すると銀行にばれるので、社長の役員報酬から出してくれるということだ。

「ありがとうございます、社長……」佐藤は申し出を丁重に辞退した。

月五万で拾ってくれるというその言葉が、これまでの自分の存在意義を教えてくれるようで嬉しかった。今の自分に五万円は大金だ。

佐藤は十月からアルバイトの斡旋《あっせん》会社に登録して、日雇いで働いている。コンサート会場の整理、デパートやホテルで深夜の設営作業、警備など。会場整理は時給九百円だが、弁当がつく。おにぎり持参で出かけて、もらった弁当は持ち帰って食費を浮かす。

＊

十一月一日の夜、佐藤は人生初めての夜行バスに乗って故郷の大阪に向かっていた。

「母さんが元気なうちに会いにきなさい」と父に言われて切符を買った。

母の体が末期のがんに蝕《むしば》まれていると知らされたのは、保釈されてしばらく経ってからのことだった。二月に子宮がんの手術を受けて完治したと聞いていたが、実はそのときすでにリンパ節に転移していたらしく、末期だと宣告されていたという。父はそのことを自分一人の胸にしまい込んで息子にも黙っていた。夏に帰郷したときも母はとても元気そうだったので、佐藤は少しも心配していなかった。

佐藤が逮捕された九月十五日も母はまだ家にいて、普通に話していたという。佐藤の妻が夫の逮捕を報告をするため電話すると、父が出て、ひどく取り乱した。その日の夜に今度は母から電話がきたという。

「あゆちゃん、大丈夫?」と母は妻を気遣ったという。「逮捕なんてたいしたことないよ。世の中えらくなった人はみんな逮捕されてるんだから。それぐらいの気持ちでやりなさい」と二時間ぐらい話したという。「まあこれもいい経験だわ。あの子はちょっと調子に乗ってるところがあったから」と。

母さんらしい話だと思った。母さんは強い人だ。強いというか、昔から世俗を超越していた。世間体にとらわれない、いい意味で楽観的な人。起きた事象は必然的なことだから、起きたことにしっかりと対処してそれをバネに、経験にして生かしていく、と、それが母の考え方だ。

佐藤は後になって、保釈後すぐに実家に電話しておけばよかったと悔やんだ。翌週やっと電話すると、母はすでに入院した後だった。末期患者のホスピス病棟だった。足が腫れて自力で歩けなくなり、父一人の介護はもう限界に近づいたと悟ったのか、自分から入院すると言い出したという。そして十月末、容態が悪化したと父から知らせがきた。

朝七時、バスが大阪に着いた。慣れないシートで結局一睡もできなかった。夢中を歩くような状態で真っ直ぐ病棟に向かった。

母は起きており、病室の机に向かって書き物をしていた。見る影もなくやせ細った背中に驚いた。

「……ごめん、母さん」

母が書いていたのは手紙だった。犯罪者になって帰ってきた息子への、手紙、というより詩だ。

地位や名誉じゃないんだよ
お金がたくさんあることじゃないんだよ
仕事ができるとかできないこととかじゃないんだよ
勉強がよくできるとかじゃないんだよ
まして一番、二番になることじゃないんだよ

一番この世で大切なことは
一番この世で大切なことは

人の心により添えることよ
人の心がわかることよ
人の心と一つになれることよ
母の希《ねが》いは

唯一《ただひと》つこれよ
（平成23年10月26日朝）

真言さま

母より
H23・11・2記

母は高校の国語教師をしていた人だ。昔から詩に思いを託すことが好きだった。十月二十六日の朝に書いた詩を、息子を待ちながら清書していたらしかった。机には息子に渡す交通費五万円も用意されていた。

「あなた、ちゃんと言いなさいよ。お金が足りないのはわかってるんだから」と。

その日一日、母と過ごした。いろんな話をしたり、足をマッサージしてやったり。母は末期患者には見えないほど晴れ晴れとしていた。

「何も心配ない。逮捕ぐらいたいしたことじゃないの。あなたはしっかりやれる人なんだから、いい経験だと思って乗り越えなさい」

夜七時半のバスで佐藤は東京に戻った。

様態が急変したのはそれから十六日後だった。

「どうなるかわからない状態だから、いつでも連絡が取れるようにしといてくれ」父からの電話は仕事帰りのバスの中で受けた。

「そんなに悪いの？」

「もうほとんど最期だそうだ」

今度は新幹線で飛んでいった。母は胸から薬のチューブを入れられ、意識がもうろうとしていた。それでも息子がきたことはわかったらしく、手を握り返してくれた。

次の日の朝、母は旅立った。享年六十九、古希の一歩手前だった。


母の詩が伝えたかったメッセージは、以前の自分に対する戒めだと思う。中小企業を応援するコンサルタントとして少しばかり名前が売れ、商工会議所でセミナーをするだとか本を何冊も出すだとか、そういう名誉じゃなくて、もっと人の気持ちを汲み取れる人になりなさい。母はそれを、大切な息子が谷底に突き落とされ、自分は死を待つ病床にあるときに書いた。逆境を受け入れて立ち上がるということを、身をもってやってみせてくれた。

母と一日対話して、ものすごい信頼だな、と感じた。逮捕されるようなことをした自分を一言も責めなかった。一番身近な人がこれだけ信用してくれているということのありがたさ。この気持ちは無駄にしちゃいけない。この経験を糧に自分に何ができるのか、それを見つめなおさなくちゃいけない。新たな人生の新たな目標——今の自分だからできること、そしてやるべきこと……。

母の弔いを済ませた後、佐藤は父の援助を受けて司法試験の予備校に通い始めた。

五月にロースクール（法科大学院）の適性試験、夏に本試験がある。まずはそれを目指す。アルバイトで生計を立てながら勉強と両立させるのは大変なことだが、学ぶことは昔から好きだった。ロースクールに合格すれば翌年四月に入学して、最短で六年後に弁護士になれる。——十年後でもいい、いつか必ず弁護士に。そして、自分や朝倉のような目に遭った人たちの心に寄り添い、力になってあげられる存在になりたい。

仕事の合間、予備校に通い、少しでも時間ができれば図書館で参考書を開く。弁護人の宗像も応援を約束してくれた。佐藤は宗像に言った。

「先生、僕が弁護士になったら宗像事務所にイソ弁で置いてくださいね」

宗像は「いいよ」とあっさり答えた。冗談と受け止めたのかもしれないが、佐藤はなかば本気だった。

刑事被告人の身分は受験の障害にならない。問題は将来、前科持ちでも弁護士になることが許されるかだが、調べてみると、判決が執行猶予付きの有罪の場合は、執行猶予期間が終了すれば欠格事由がなくなり弁護士になれることがわかった。ただし実刑判決の場合は、刑の終了から十年経過するまでは欠格事由がなくならない。つまり、仮に「懲役三年、執行猶予五年」の判決だと、五年後に弁護士になれる。「懲役二年六月」の実刑の場合は十二年六ヵ月後まで待たなければならない。その差はとても大きな分かれ道になりそうだ。でも今は執行猶予をもらえることを信じてひたすら努力するしかない。

なぜ弁護士を目指すのかについて、佐藤は何度か語ってくれた。

「確かに検察に後悔させてやりたいという気持ちがまったくないと言ったら嘘になります。弁護士になって検察庁と真っ向勝負がしたい、朝倉さんのような人たちの抱えた事情をしっかり見てあげて検察の論理に立ち向かいたい、と、そういう気持ちもあります――でも、僕はこういう風に考えたんです。粉飾決算というのが世の中にあふれていて、これを食い止めるのがこれからの僕の役目ではないか。粉飾決算で実刑になりかねないというリスクにさらされていることを、中小企業の方はあまりわかっていない。違法性の意識が薄いからです。ところが私が身をもってこれを体験してしまった。そのリスクを効果的に伝えることができる仕事は何かと考えたときに、やはり弁護士しかないなと。もともと事業再生には以前から興味がありました。事業再生には弁護士の力が欠かせない。事業につまずいた社長に救いのある第二の人生を歩ませてあげるのも弁護士の仕事だと。朝倉さんのように親戚からまでお金を借りて迷惑をかけてしまう結果になる前に、もう一回人生をやり直せるチャンスを見つけてあげる。弁護士ならそれができると思うんです」

佐藤は付け加えた。

「もちろん、そういう考え方ができるようになったのも、母のおかげです」

佐藤は予備校通いを続けていたある日、奇遇な縁を知った。七月の強制捜査から十月の起訴までずっと佐藤の取り調べを担当した特捜検事も同じ予備校の出身だったというのだ。それを知った頃、予備校の塾長が講義でこんな話をしたのが印象的だった。

「憲法とは国家権力を制限して国民の権利・自由を守るものです。検察官になる方は特に覚えておいてください。検察官は強い権力を持っているため、ときに暴走する。だから憲法の理念、人権というものをよく考えて現場に入ってほしい」

「自分で言うのもなんですけど、僕っていい弁護士になると思いますよ」佐藤は冗談まじりにこんなことも言った。

「拘置中の人間は弁護士の些細《ささい》な一言でさえ傷つくことがあります。残りの接見時間が十分あるのに、拘置所職員から『早めに切り上げてください』と言われて弁護士が『大丈夫、あと五分で終わるから』と。その一言だけで拘置中の人間はショックを受けてしまう。そんな不安定な精神状態になっているんです。だから僕が弁護士になったら、『あと五分』とは絶対言わない。『あと十分あるはずだ』と拘置所職員に食い下がる。もし僕が朝倉さんの弁護士だったら、社員に寄せ書きを書かせて持って行き、接見室の仕切り越しに見せてあげる。僕はそういう弁護士になりたいんです」

年の瀬の十二月二十日未明、日本武道館でライブ会場の整理のアルバイトをしてきたという佐藤から私にメールがきた。こんな文面だ——。

本日の矢沢永吉ライブ、感動したMCがありました。そのままお伝えしますと、

「矢沢ね、来年で四十周年になりますけど、今までもうだめかなぁって思ったときが三、四回あるんですね。そのときに、まあもちろん酒で飛ばすってこともやるんですが、ちょっと違うのが、映画に例えるんですよね。あっ、この今どうしようもない瞬間、これは映画のそういうシーンで、矢沢役の俺が演じてるんだ、なんてね。そして演じきった後、死んだら、あの世とやらにいって、受付で係の人がいてね、

『はい、どうも矢沢永吉役、お疲れさまでした』なんて言われて、『どうでした、矢沢役は』なんて聞かれて、『そうね、いろんな事あったね。大変な人生だったかもね』なんて答えて、ふと周り見ると、俺をオーストラリアで落とした（騙した）奴いやがるの。『貴様あー』なんて摑みかかろうとするんだけど、よく考えたらそいつもその役を演じていただけ。『今度はも少しかっこいい役回りがしたい』なんて言うわけ……」

なんだか感動しました。永ちゃんの大ファンの方にお伝えください。お互い与えられた環境で這《は》い上がって、いつか一緒に飲みましょう、と。

「永ちゃんの大ファンの方」というのが朝倉亭のことであることは私にもすぐピンときた。朝倉は二年前まで三十一年間、矢沢永吉のライブを毎年欠かさず観てきたという筋金入りで、「矢沢の永ちゃんは私にとってスピリットなんですよ。あの人そのままがスピリットなんです」と言い切る男だ。だが、逮捕前年の年末は会社再生のためにたくさんの犠牲を払っていた時期だったので、ライブに行く贅沢《ぜいたく》を放棄した。

朝倉と佐藤は保釈の条件でお互いに連絡を取ることを禁じられていた。もしこれを破った場合、保釈を取り消されるうえ保釈保証金の全部または一部を没収されることもある。それで佐藤は私から朝倉に伝えられることを期待してメールしてきたわけだ。佐藤はライブ会場で感動したＭＣを頭に焼き付けて家に帰り、真っ先にパソコンに向かったという。

私は二日後に朝倉と会った際、さっそくこのメールの文面をプリントした紙を朝倉に手渡して反応をうかがった。だが朝倉は目を通した後、苦笑いのようなものを浮かべるだけで私を拍子抜けさせた。

「何というか……こういうポジティブなメッセージは、永ちゃんファンにとって基本みたいなものなんです。なにしろ私は永ちゃんの本から雑誌から全部読んでライブで言ったことも全部頭に入ってますからね」

それで二人でひとしきり笑った。

「……でも、そうですか、佐藤さんが永ちゃんのライブに行ったんですか。なんだか私の代わりに行ってくれたみたいですね。そうですか、あの人が……」

私はこのとき朝倉の嬉しそうな顔を初めて見た気がする。


年が明けて平成二十四年。佐藤がかつて担当していた中小企業には相変わらず銀行から厳しい風当たりが続いていたが、幸い連鎖破綻の悲劇は起きていない。

佐藤にとって嬉しかったのは、保釈直後に謝罪の手紙を出しても返事がこなかった顧客の社長たちからぽつりぽつりと電話やメールがくるようになったことだ。

「一日も早くお電話したかったけど、佐藤さんも大変だと思ったし、こちらも踏ん切りがつかなくて。でも佐藤さんの恩は忘れていない。とにかく銀行っていうのは何を考えてるかわからない」

電話でそう言ってきた社長とは居酒屋で酒を酌み交わし、社長は佐藤の話を聞きながら一緒に涙したという。

　佐藤は自分を駆り立てるためのように私に言った。

「社長たちに『あのときは迷惑をかけました』って堂々と言えるようになるために、いつか必ず弁護士になりますよ」

裁きの後

　平成二十四年三月二十八日、東京地裁五二八号法廷。裁判長の山口裕之は無情な裁きを言い渡した。

　まず午前十一時半から佐藤真言に対する判決が言い渡された。

「主文、被告人を懲役二年四月に処する」

　執行猶予は付かなかった。佐藤は全身を硬直させてじっと前を見つめていた。傍聴席では、佐藤の公判を毎回傍聴してきた〈Z社〉の元同僚たちが呆然と顔を見合わせていた。弁護人席では宗像紀夫がわずかに首を曲げて佐藤の横顔に目線を移した。

「続いて理由を述べます」と裁判長が手元の書面をめくった。「一、被告人は――」

　裁判長が述べた量刑理由は要約すると次の五点だ。

　元銀行員の知識と経験を利用して銀行や保証協会を欺いた大胆かつ巧妙な犯行であり、被告人は欠くことのできない重要な役割を果たした。

被害金額は借り換え分を除いても多額である。
以前から繰り返していた常習的犯行である。
被告人は詐取金を直接利得していないが、両社から支払われた報酬の大半は粉飾決算による不正融資の謝礼とみるのが相当といえる。
被告人は被害金を弁済していない。

すべて検察側が論告で述べたことを丸写ししたに近い内容だった。佐藤は顧客にリスケジュールを指導することの方が多かったし、これまで顧客に受けさせた融資はほとんど返済済みだったのに「常習的犯行」とは実態にそぐわない話だ。また、佐藤は井原や朝倉にリストラなど全般的な経営指導をしてきたのに「報酬の大半は不正融資の謝礼」とは何が根拠なのだろう。

とはいえ、こうなったのもある意味当然の帰結というべき経緯があった。というのは、佐藤の弁護側はこの裁判で、佐藤の果たした役割をはっきりさせることには力を注いだものの、それ以上に積極的な論証は行わず、基本的にはひたすら反省の意を示して寛大な刑を求める姿勢をとってきたからだ。

井原の被告人質問では宗像が反対尋問に立ち、「すべて佐藤さんに任せていた。自分は悪いことだと思わなかった」とうそぶく井原を手厳しくやりこめた。弁護側は最終弁論で「井原供述」の欺瞞をことごとく粉砕し、佐藤の幇助的な立場を鮮明にさせた。

一方、検察側も、佐藤らを逮捕した当時に発表した「佐藤首謀」のストーリーをあっさり捨て、裁判では佐藤の役割をだいぶ格下げした線で立証を進めた。被疑者を起訴するところまでは特捜部の役目だが、起訴後は同じ地検でも裁判で立証に当たる公判部の仕事だ。東京地検公判部は特捜部が集めた証拠を慎重に吟味した結果、佐藤の役割については是々非々で判断し、位置付けを後退させたといえる。

このため弁護側は、さらに踏み込んだ争いをするよりも、事実を認めて反省姿勢を示す方が執行猶予を勝ち取るための最善の道と判断したようだ。

そもそも特捜部の捜査事件では、この件のように執行猶予か実刑かのスレスレの線で起訴事実がまとめられることが少なくない。そうなると被告側は、検察側と争って敗れた場合に実刑判決を食らうリスクを冒すのか、あるいは全部認めて執行猶予に賭けるのかという二者択一になる。被告本人が徹底抗戦を望んでも、弁護人は無難な道を勧めるものだ。要するにこれも捜査のテクニックの一部だ。被告側にファイティングポーズをとらせないための仕掛けというべきか。

ところが、弁護側の予想を裏切ったのは三月十六日の検察側論告求刑だった。検察側は佐藤に懲役四年を求刑した。求刑の三年と四年の差は大きい。三年の場合は検察側も執行猶予含みだが、四年を求刑して執行猶予付きの判決の場合、検察は控訴を検討する。つまり四年の求刑は「執行猶予なら控訴しますよ」という検察側のサインなのだ。

検察側が論告で展開した論理にはいくつか穴があった。しかし、論告求刑をもって裁判は結審するので、弁護側にとっては後の祭りだった。

裁判長は判決の量刑理由の中で、佐藤の犯行への関与度合いについてこう触れるにとどめた。「いずれの犯行も、経営者である井原、朝倉の判断によって敢行されたものではあるが、被告人の知識・経験がなければなし得なかった」

井原も朝倉も佐藤と出会う前から粉飾決算をしていたことを考えると論拠薄弱な話だが、これも検察側の受け売りだ。佐藤が「執行猶予」の四文字にどれほどの願いをかけていたかなど、裁判長には知る由もなかっただろう。検察側の求刑に引きずられ、波風を避けた裁きだった。

閉廷後、佐藤は法廷裏の通路で手錠をかけられ東京地検に連行された。

一方、朝倉亨に対する判決は同じ日の午後一時半からだった。朝倉は裁判長の前で起立したときからずっと目を閉じたままだった。午前中に言い渡された佐藤に対する判決の内容を朝倉は知らない。「私に対する判決が出るまでは、佐藤さんの判決内容を私に教えないで」と彼は周囲にお願いしていた。佐藤が執行猶予だった場合、それを妬《ねた》む自分でありたくない。佐藤が実刑だった場合、自分もそうなのかと怯えたくない。できれば平静な気持ちで判決に臨みたい。

そして判決が言い渡された。

「主文、被告人を懲役二年四月に処する」

佐藤と同じ実刑だった。朝倉は着席を命じられるまでずっと目を開けなかった。保釈当時よりさらにやつれて見える背中を硬直させ、徹夜労働のためか顔の蒼白さが際立っていた。

朝倉の弁護側は、世の中でどれほど多くの会社が朝倉と同じことをやっているかということについては積極的な主張をしてこなかった。司法の世界では、多くの人が同じことをやっているからという論理はあまり通用しないのだ。罪を軽減する理由にならないどころか、下手をすると責任逃れの論理としてより心証を悪くしかねない。

弁護側が説いてきたのは主に、朝倉の経営者としての真摯さ、一途さ、会社を建て直すんだという意欲や会社の経営状況について。

被告人質問では、佐藤が朝倉の弁護人の質問に答えてこう述べた。

「出会った中でも本当に一、二を争う真面目な経営者で、私自身も勉強させていただくことの多い、人間としてそういう経営者でした」

「土日もなく会社に出ておられたし、朝早くから夜遅くまで、それぐらい服に関する仕事が好きで、どうしたら自分の会社が良くなるのかということを資金繰りのプレッシャーの狭間で一生懸命に考えておられました」

「非常に丁寧で誰にでも腰を低くして接しておられましたので、一緒に仕入先に土下座して謝りにいったとき、仕入先さんもそれほど激高されることもなく朝倉さんの話を聞かれていました」

佐藤の声は途中から涙で途切れがちになった。彼は朝倉を擁護する必要があまりない立場だが、事前に二人の弁護人が相談し、佐藤自身が望んで実現させたいわば「友情出演」だった。

朝倉が執行猶予を勝ち取るために一番の近道は、理屈を並べるよりも裁判の結審までに被害金を全額弁済しておくことだった。井原左千夫は裁判中に被害金額三千万円をあっさり弁済している。だが、朝倉にそんな財力はない。自分の両親と妻の実家が当座の生活の足しにと用立ててくれた合計百万円が手元にあるだけなので、朝倉はこの百万円を弁済に充てただけだった。

判決理由の中で裁判長は述べた。「銀行と保証協会を欺いて融資制度を悪用したもので、銀行や保証協会関係者の処罰感情は厳しい」

少なくとも銀行に処罰感情（厳しく罰してほしいとの感情）があるなどとは、まったく絵空事もいいところの話だ。銀行は回収できるはずの融資金を捜査のせいでドブに捨てさせられた。銀行は検察の要請を受けて朝倉による詐欺の被害届を出しているが、これは検察に求められれば断れない立場だったからにすぎない。裁判所は本音と建前を解する能力がないようだ。中小企業の粉飾決算とは銀行にとって、回収の可能性がゼロにならない限り開けてはならない「パンドラの箱」なのだ。

検察事務官二人に挟まれた朝倉の細い背中が廷外に消えていった後、私は強く感じていた。

この事件を法廷で裁いたこと自体がそもそも間違いだったのだ。この裁きによっていったい誰がどんな得をするというのだ。私たちの社会にとっていったいどんな益があるというのだ。

それは暴論だと法律家は言うかもしれない。だが、私に言わせれば法律家こそ今回はお呼びじゃなかった。特捜検察が無用な領域に踏み込んだことがすべての間違いの始まりだった。

井原左千夫に対する判決は佐藤、朝倉の前日に言い渡されていた。懲役二年八月の実刑。佐藤、朝倉より四ヵ月長い刑期にどんな意味があるのだろう。

*

この日の午後、佐藤と朝倉は約六ヵ月半ぶりに短い会話を交わしている。法廷から連行された二人は検察庁舎三階の仮留置所に隣り合わせで収容された。間はカーテンで仕切られていたが、後から連行されてきた朝倉が、隣にいる男の荷物に目を留めた。見覚えのある佐藤の鞄だった。

「佐藤さん……ご無沙汰しています」

お互いにまず判決量刑を教えあった。そして、お互いに暗澹と黙り込んだ。

仮留置された者はこの後、弁護人が即日控訴の手続きをすれば再保釈となる。控訴しない場合はただちに刑の執行手続きが開始される。佐藤は事前に宗像らと打ち合わせをし、実刑判決の場合は即日控訴することを決め、そのための書類に捺印も済ませていた。だが、朝倉はまだ心を決めかねていた。裁判所が刑務所に行けというならそうしよう。自分が刑務所に行けば済むのならさっさとそうしてこの煩悶《はんもん》の日々を終わらせたい。でも、妻はどうなる。故郷の両親は……。

佐藤は夕刻、再保釈が決まって先に解放された。朝倉の身が気がかりで、後ろ髪引かれる思いだった。

その夜、宗像の事務所で長い打ち合わせをした後、宗像が佐藤に頭を下げて言った。「申し訳なかったですね、執行猶予が取れなくて。そう思っております」

執行猶予のために最善と考えた戦略で力を尽くした上でのこの結果は、弁護人として明らかな敗北だった。忸怩たる思いが顔ににじみ出ていた。

朝倉はこの夜、弁護人の説得を受け入れてようやく控訴を決め、再保釈された。

判決を受けての佐藤の述懐。

「今回の事件は、単に一罰百戒の裁きをしただけで終わらせてはいけないと思います。私たちが実刑になっても、中小企業と粉飾決算の切っても切れない関係はなくなりません。中山素平さんの時代、銀行は相手が赤字でも債務超過でも貸すべきだと判断した企業のリスクは自分で持ちました。それが竹中平蔵さんらの作った格付けシステムによって不可能になった。私は銀行員になった頃、企業は人なりと教えられました。でも今は違う。相手方のリスクを持つから与信行為と言うはずですが、今の銀行は人を信じず数字だけを信じるから粉飾を招いた。今の金融システムがある限り、多くの中小企業は粉飾をしないと生き残れない。銀行が平成十年以前の姿に戻らない限り、中小企業の粉飾決算はなくならないのです」

佐藤の司法試験に向けた計画は実刑判決によって粉々に打ち砕かれた。

「でも、僕は弁護士になる夢を捨ててはいませんよ。調べてみたんです。実刑を受けた場合の欠格事由は、行政書士だと二年間、司法書士だと三年間、そして弁護士だと十年間で消えます。だから、二年経ったら行政書士の試験に挑戦し、三年経ったら司法書士に挑戦し、そして残り七年勉強して司法試験。こうなったらもう人生最後に笑えればいいかなと。見ていてくださいよ、僕は負けません」

佐藤ならやるだろう。きっと。

*

東京の桜が満開になった頃、私は朝倉亭の奥さんからお手紙をいただいた。当人は当初、固辞されたが、おしまいに一部割愛してその内容を紹介したい。

——先日のお話の中で出てきた佐藤さんが自分を恨んでいないかということをとても気にされているとのことでしたので、あらためて申し上げます。

この事件になってから、ある人から言われました。佐藤さんと知り合っていなかったら、こんな事件にまでならなかった……と。そのとき私自身、初めて他人はそう思うのか、と気づいたくらいで、佐藤さんのせいで……という考えにはまったく及びませんでした。

それに、恨むどころか佐藤さんには感謝しきれないくらいたくさんお世話になってきたと思っております。資金繰りがうまくいかず、一人で悩み苦しんで、どん底の精神状態から救ってくれたのは、会社の役員でもなく、社員でもなく、私でもなく、佐藤さんただ一人だったと言っても過言ではないでしょう。

今でも佐藤さんが『こんにちはー』と会社に入って来られるときの明るい笑顔が思い出されます。またいつか、とびきりの笑顔で再会できる日を心から願っております。

控訴するのを強くすすめたのは私ですが、今でもその選択がよかったのかと自問自答する毎日です。判決は覆らないのかも……とも思っています。夫の母が『刑務所に入るのだけは……』と言っていたのが頭の片隅にずっとあり、少しでも可能性があるのならと、理由はそのようなことです。

毎年、年明けから春まで、流れるように過ぎていきますが、今年は一日一週間一ヵ月がとても長く感じます。先日もその話になりましたが、ふつうの暮らしがいかに幸せなことか、それを実感する日々です。

夫は会社を大きくしたいという夢がどんどんふくらみ、自分では一歩一歩のつもりだったんでしょうが、その一歩が大きすぎた……、階段を一段飛ばしや二段飛ばしで駆け上がっていったように思います。そうこうしている間に元の場所を見失うという結果になってしまいました。

しかし、この厳しい現実からは逃げることはできませんし、ご迷惑をおかけしてしまったたくさんの方々にも、これからできる限りのことをしていかなければなりません。『足るを知る』という言葉がありますが、今の私たちはその一言に尽きるように思っています——。

あとがき

佐藤、頑張れ！

朝倉、負けるな！

当初は検察の欺瞞と横暴をくそ真面目に暴いてやるつもりで始まったこの取材と執筆でしたが、途中から方向が徐々にそれて二人の男の応援賛歌になっていった感があります。

それぐらいこの二人に泣かされました。また、惚れ込みました。

こんなに不器用でしかも立派な男たちを葬り去ることが日本の司法の役割なのだとしたら、これはやはりどこか間違っている。そんな特捜部ならいらない。小難しい検察捜査の薄汚れたテクニックのあれこれを論じるよりも、この男たちについて語った方がよほど説得力がある——と、だんだんそちらの方に重心が移動していった結果がこの作品です。

ただ、ここで私の検察に対する考えを手短にまとめておきたいと思います。

今回の事件は私にとって、これまでいくら頭を悩ませてもピンとこなかった問題の核心部分——特捜部はいったい何であんなおかしな捜査をしてしまうのか——という疑問の答えを初めて鮮明に教えてくれたものでした。その答えは要するに、彼らはあまりにも世間知らずだった、ただそれだけのことだったのです。

かくいう私が今回の取材で初めて日本の中小企業の置かれた状況を垣間見た身でありながら、それでも私は特捜部を非難せずにはおれません。なぜなら彼らには強大な権力が委ねられているからです。その権力をふるって人の人生を簡単に踏み潰せる立場にあるからです。これはとても恐ろしいことです。

そして、特捜部は捜査の筋書きと現実との乖離に直面しても、引き返そうとはしませんでした。彼らが筋書きのほころびをどのように取り繕い、力ずくで事実を捻じ曲げていくのかというプロセスを、これほどまざまざと見せられたのも今回の取材が初めてでした。

彼らはなぜ引き返さなかったのでしょう。答えは簡単で、世間にはわからないからです。彼らの目的は有罪判決を勝ち取ることだけで、捜査の過程にどのような欺瞞があろうと、その部分は世間の目に触れません。この捜査の内実を知るのは検察組織内部の限られた人たちだけで、私たちに知る機会は普通、ありません。そして特捜検事たちはつつがなく有罪判決の勲章をまた一つ胸にぶらさげて、次の仕事に取り掛かる。こうして特捜検察の歴史はこれまで紡がれてきたのだろうと思います。

そうはさせてなるものか――と、それが私の今回の執筆動機でした。地味ではありますが、実はとても悲惨な、とても残酷なことが行われたこの事件の物語をありのままに世に示したい。私が当初考えたのはそれだけでした。

平成二十三年の抜本的改革を経て日本の特捜検察はいや応なく生まれ変わったと多くの人が考えているはずです。私にとって今回のレポートは、二十三年の改革を経た特捜検察の最初の症例報告――そんなつもりでもおります。

経営や金融についてあまりに無知だった私に粘り強く付き合ってくださった佐藤、朝倉の両氏に、心から感謝を申し上げます。傷口に塩を塗るような質問の数々、ささいな矛盾に気づいてかけた深夜の電話、定期便になってしまった質問メール……、これらの所業も私としては、この本を単なる犯罪者の自己弁護の書で終わらせたくないという思いからでした。お二人が最後までそれらに耐えてくださったのは、ひとえに本当の自分を誰かに知ってほしいという一念からなのだということを、常にひしひしと感じておりました。この本がその思いにどこまで応えるものになったかは確信が持てないままですが、私としては現在、言うべきことはすべて言ったという心境です。

同じように、毎度アポなしで役所に押しかけたり電話したりする私にその都度時間を割いてくださった検察庁の方々にも、感謝を申し上げます。また、抜き打ちでコメントを使わせていただいた方々にはお詫びを。私は『特捜崩壊』と題した前回の本（単行本版）の後書きに「次は特捜再生の物語を書きたい」と本心から書いたことを忘れてはおりません。残念ながら今回はそうなりませんでした。どうかここで指摘された見解について検証し、この捜査が何人かの人生にもたらした深い傷を頭の片隅にでも留めた上で、次の捜査に取り掛かっていただけたらと願っております。そして私は特捜検察がいつかまた、この国の政治に影を落とすであろう腐敗を抉《えぐ》り取る番人として活躍してくれることを期待しております。

また、最初の読者の一人となり、この作品にタイトルを授けてくださった高杉良先生、これほど光栄なことはありません。お名前を出すことができなかった関係者の方々、皆さまからいただいたご厚情には、いつか必ずなんらかの形で報いなければと胸に刻んでおります。最後になってしまいましたが、読者諸兄姉のご多幸を祈ります。

平成二十四年初夏　著者

石塚健司（いしづか・けんじ）
1961年茨城県生まれ。早稲田大学政経学部卒業後、産経新聞社入社。司法記者クラブキャップ、社会部次長などを経て、現在は多摩支局長。ルポや論考で検察問題などに鋭く斬り込む。著書に『特捜崩壊』（講談社文庫）。

四〇〇万《まん》企《き》業《ぎょう》が哭《な》いている
ドキュメント検察《けんさつ》が会社《かいしゃ》を踏《ふ》み潰《つぶ》した日《ひ》

2012年９月６日　第１刷発行

著　者　石塚健司《いしづかけんじ》

発行者　鈴木　哲

発行所　株式会社講談社

東京都文京区音羽2-12-21　〒112-8001
電話　出版部（03）5395-3522
　　　販売部（03）5395-3622
　　　業務部（03）5395-3615

印刷所　慶昌堂印刷株式会社

製本所　黒柳製本株式会社

ISBN978-4-06-217884-6　N.D.C.335　277p　20cm